모든 것을 가지려면 다 버려야 한다

나는 늘 좋은 옷을 입는 것보다 좋은 글을 읽는 것이
더 좋았으며
높은 자리에 앉는 것 보다
좋은 사람과 함께 하는 것이 더 행복했습니다.
긴 연설, 장문의 글, 반복되는 지시보다 간결한 한편의
글에 더 깊은 감명을 받았고 그 느낌을 더 좋아했으며
그런 나의 습관 때문에 많은 사람들과 참 좋은 글을 자주
나누게 되었습니다.

정신적 지주였던 회사 창업주, 존경하던 상사, 선배, 동료,
친구 그리고 멋진 부하들로부터 참 좋은 책과 글을
선물로 받기도 하고, 주기도 하고 때로는 직접 구하여
접하기도 하고 사내·외의 연수기간 중에, 새로 시작하는
중요한 시기에, 특별한 일이 있을 때 그리고
내가 배울 때, 내가 가르칠 때 또한 마음이 즐거울 때나
나약할 때나 괴로울 때도, 언제나 늘 그렇게
참 좋은 글을 벗삼아 간직하며 나의 스승으로 삼았습니다.

그 동안 내게 스승이 되어 내가 가야할 길을 바르게
가르쳐주고 연약한 마음에 힘을 불어 넣어주며
삶을 밝게 비춰 주던, 청춘의 마음과 희망찬 열정으로
일하게 하며, 진한 감동으로 나의 삶에
생명력을 불어 넣어 주던, 그런 글들이 참 많았으며
나 혼자 간직하기엔 너무 아쉬워 한자리에 모았습니다.
이렇게 감동어린 글을 남겨주신 모든 분들께 깊이
감사드립니다.

책 머리에

많은 사람들이 난 사람이 되기를 간절히 원하지만
나는 늘 된 사람이 되고 싶습니다.
모든 사람들이 훌륭한 사람이 되기를 바라지만
나는 항상 행복한 사람이 되고 싶습니다.
남에게 나를 보여주기 위해서 사는 것이 아니라
내가 나를 보면서 살고 싶습니다.
왜냐하면 내 인생은 나의 것이며 내가 가꾸어야만
나의 꽃이 피기 때문입니다.

직장생활 벌써 14년, 그 동안 나에겐 언제나
돈보다 더 소중한 것이 있었습니다.
산에 오르는 사람이 그 자체의 즐거움에 산에 오르 듯
나의 직장생활도 그 자체에 더 큰 의미가 있으며
앞으로도 그런 나의 생각에는 변함이 없을 것입니다.
언제나 영원히 살 것처럼 배우고 내일 죽을 것처럼
생활하며 인간적인 내면의 가치를 배우고
진정한 행복을 추구하는 삶이야말로 내 직장생활의
진정한 의미이며 가치입니다.

모든 것을 가지려면 다 버려야 한다

초판 1쇄 발행일 / 2000년 7월 5일
초판 2쇄 발행일 / 2001년 2월 20일

엮은이 / 박상술
펴낸이 / 이완재
펴낸곳 / 도서출판 동인

주소 / 서울시 마포구 아현3동 615-28 (3층)
전화 / (02) 365-6368, 393-9814
팩스 / (02) 365-6369
등록번호 / 제10-749호(1992년 11월 11일)
E-Mail / donginnn@chollian.net

ISBN / 89-8482-015, 03810
값 6,000원

짧은 글, 깊은 명상 ③

모든 것을 가지려면 다 버려야 한다

박상술 엮음

동인

여기 이 간결하면서도 긴 감동을 주는 많은 글들을
차 한잔의 여유와 깊은 사색으로 나 자신과 사랑하는 가족,
사회생활을 영위하는 모든 직장인과
새로 사회생활을 시작하는 사랑스런 후배
그리고 삶을 사랑하는 모든 사람들과
함께 느끼고 싶습니다.

"사람은 슬프기 때문에 우는 것이 아니라
울고 있는 가운데 슬퍼지며, 즐겁기 때문에
웃는 것이 아니라 웃고 있는 가운데 즐거워 진다"라는
말이 있듯이 항상 긍정적이고 만족하는
마음을 갖고 사는 것이야말로 최고의 삶이며
가장 행복한 삶이라 확신하며 성공한 사람이라기 보다는
행복한 사람으로 영원히 살아가기를
진심으로 바랍니다.

2000년 7월 2일
입사 14주년 기념일에
박 상 술

 차 례

첫 번째 이야기 / 낯선 곳으로 떠나자

낯선 곳 • 17
청춘 • 19
다시 • 21
그 숲의 시절로 • 22
인생찬가 • 23
생각이 바뀌면 • 25
살맛 나게 • 26
오직 • 27
간절히 원하십시오 • 28
자기암시 • 29
청춘 • 31
무한한 힘을 가지고 있는 신념 • 33
동경심 • 33
경쟁상대 • 34
강해져라! • 35
정상에 올라가 보라 • 36
거물과 졸부 • 37
오늘의 나의 행적 • 38
인생은 원하는 만큼 • 39
아름다운 죽음에 관한 사색 • 40
방법은 있다 • 41
버려야 한다 • 42
의식개혁 없이는 • 43
성공하는 것이란 • 44
개혁의 어려움 • 45
빠른 출발이 반드시 좋은 것은? • 46
장·단점 • 47
산림을 다 태우고 사냥을 하면 • 48

고요히 앉아본 뒤에야 • 49
만족과 성공 • 50
한가지 마음이면 • 51
모두 자기 자신에게 • 52
유태인의 지혜 • 53
돈을 주고 살 수 없는 선물 • 54
돈으로는 • 55
반지의 의미 • 56
새로운 교훈을 • 57
사람을 판단할 때 • 58
젊은이에게 주는 신년 인사 • 59
인생을 다시 산다면 • 60
아름다운 것은 • 62
승자와 패자 1 • 64
승자와 패자 2 • 64
승자와 패자 3 • 65
승자와 패자 4 • 65
승자와 패자 5 • 66
승자와 패자 6 • 67
승자와 패자 7 • 67
승자와 패자 8 • 68
승자와 패자 9 • 68
승자와 패자 10 • 69
승자와 패자 11 • 69
승자와 패자 12 • 70
승자와 패자 13 • 71
승자와 패자 14 • 72
승자와 패자 15 • 72
승자와 패자 16 • 73
승자와 패자 17 • 74

두 번째 이야기 / 사랑으로 꽃 피우자

사랑한다는 것은 • 77
사랑의 침묵 • 78
나 그대를 사랑하는 까닭은 • 79
나는 가난한 사람입니다 • 80
그대의 사랑 안에서 • 82
조용한 사랑 • 84
나를 사랑하는 이가 있기에 • 86
우리 사랑이 • 88
사랑의 기도 • 90
남아 있는 이야기는 • 92
당신의 빈자리 • 94
그대는 그런 사람을 가졌는가? • 95
모든 것 • 96
그러나 나는 • 97
그러다 보면 • 99
그러나 이제 보니 • 101
이것 하나만으로도 • 103
아이들은 삶 속에서 배운다 • 105
어른은 • 108
들어주세요 • 109
친구란 • 111
특별한 것이 아니라면 • 113
우리는 누군가에게 • 115
아름다운 사람을 • 116
거기 그대와 나 • 118
눈물의 골짜기 • 119
함께 있되 거리를 두라 • 121
행복의 길이 • 122

세 번째 이야기 / 희망을 노래하자

가리지 마라 • 125
난 이렇게 부탁했다 • 126
희망 • 128
핫도그 • 129
꼬치고기 • 130
이 세상엔 절대로 공짜가 없다 • 132
빈대의 노력 • 134
땅벌 • 136
졸업식 축사 • 137
써커스단의 코끼리 • 138
포옹 • 139
설득 • 140
동정심 • 141
프랑스 혁명사 • 142
청어잡이 • 144
도마뱀의 우정 • 145
나를 바꿔보자 • 146
좀더 낮추는 삶을 • 147
엔돌핀 • 149
나의 삶 • 150
생의 철학 • 151
신념 • 152

네 번째 이야기 / 길을 닦으며 가자

상인 일기 · 155
길 잃은 날의 지혜 · 156
지금 곧 말하라 · 157
지금 하십시오 · 158
지금 시작하십시오 · 159
일의 축복 · 162
오늘만은 · 163
오늘 · 166
되돌릴 수 없는 시간 · 167
당신이 할 수 있는 한 · 168
우리들의 삶 · 169
현재를 소중히 하라 · 170
충분한 시간을 가져라 · 171
나의 길을 가야 한다 · 172
일곱 번, 나는 내 영혼을 경멸하였습니다 · 173
침묵하는 지혜 · 175
감사의 기도 · 176
마음의 평온 · 178
어느 직장인의 기도문 · 179
불운아 · 181
주자십회 · 183
차고 속의 철학 · 184
분명함과 막연함 · 186
행동하는 간부 · 188
알맞은 때 · 189
최선을 다하는 마음 · 190

다섯 번째 이야기 / 나의 명작을 만들자

승리 • 193
너의 하늘을 보아 • 194
생활규범 • 195
나의 신조(信條) • 196
행복한 삶을 위한 충고 • 198
즐거운 삶의 비결 • 199
성공인의 생활습관 • 201
성공하고 싶은 자의 행동강령 • 203
성공원리 • 204
성공한 사람들의 5가지 비결 • 207
공포로부터 벗어나는 길 • 209
쉽고도 어려운 것 • 212
슬기로운 삶은 투자하는 삶 • 213
성공한 사람 • 214
자기개발의 생활화 • 216
일년에 1억 버는 사람 • 217
오늘 하루의 맹세 • 219
일일 시간계획 • 221
가슴을 펴고 • 223
미소 • 226
무엇이 업무 도둑인가? • 227
회사 신조 • 229
D2P 훈련법의 신조 • 230
IBM의 社是 • 231
평생고객을 얻는 법Ⅰ • 232
평생고객을 얻는 법Ⅱ • 235
여성을 움직이게 하는 33가지 철칙 • 235
상대방을 설득하는 37가지 원칙 • 239

13

첫 번째 이야기

낯선 곳으로 떠나자

떠나야 한다
하루하루의 반복으로부터, 낡은 습관으로부터 떠나야 한다
새로움이 시작되는 곳, 그 낯선 곳으로 우리는 떠나야 한다

무언가 새로 시작한다는 것은 항상 신비롭다.
잠 못이루는 설레임과 동경심이 있기 때문이다.
입사가 그랬고 결혼이 그랬고 새로운 일을 시작 할 때마다 그랬다.

무엇가 새로운 것을 배우고 안다는 것은 즐거움이다.
일하면서 배우고, 배우면서 일하는 즐거움이야말로 하루하루의 희열이다.
아는 만큼 보이고 아는 만큼 느낄 수 있으며 느낌이 있어야 꿈도 꿀 수 있다.
꿈이 있어야 목표가 생기고 목표가 있어야 도전할 수 있다.

알고 있는 것을 새롭게 실천해 본다는 것 또한 신비로움이다.
많이 아는 것도 중요하지만 행동하는 것이 더 중요하다.
행동하는 지식, 실천하는 지식이야말로 쓸모있는 지식이며 살아 있는 지식이다.

경험은 역시 최고의 교사다. 경험이 없는 이론은 죽은 이론이다.
경험이 없는 이론은 이론이 아니며 변혁의 장애일 뿐이다.

경험이 아무리 훌륭한 교사라 해도 열정에게는 한 수 배워야 한다.
열정의 힘은 그 어떤 경험보다 더 강하고 위대하며 무한하다.
아무리 훌륭한 두뇌가 있어도 마음의 열정이 없으면 지혜가 나오지 않기 때문이다.

낯선 곳

떠나라
낯선 곳으로

아메리카가 아니라
인도네시아가 아니라
그대 하루하루의 반복으로부터

단 한번도 용서할 수 없는 습관으로부터
그대 떠나라

아기가 만들어 낸 새로움으로
할머니를 알루빠라고 하는 새로움으로
그리하여
할머니조차
새로움이 되는 곳
그 낯선 곳으로

떠나라
그대 온갖 추억과 사전을 버리고
빈주먹조차 버리고

떠나라
떠나는 것이야 말로
그대의 재생을 뛰어넘어
최초의 탄생이다. 떠나라.

-고 은-
『내일의 노래』 중에서

청춘

청춘이란
인생의 어느 기간을 말하는 것이 아니라
마음의 상태를 말한다.
그것은 장미빛 뺨, 앵두 같은 입술,
하늘거리는 자태가 아니라 강인한 의지, 풍부한 상상력,
불타는 열정을 말한다.

청춘이란
인생의 깊은 샘물에서 오는 신선한 정신,
유약함을 물리치는 용기, 안이를 뿌리치는 모험심을
의미한다.

때로는 이십의 청년보다 육십이 된 사람에게 청춘이 있다.
나이를 먹는다고 해서 우리가 늙는 것은 아니다.
이상을 잃어버릴 때 비로소 늙는 것이다.

세월은 우리의 주름살을 늘게 하지만
열정을 가진 마음을 시들게 하지는 못한다.
고뇌, 공포, 실망 때문에 기력이 땅으로 들어갈 때
비로소 마음이 시들어 버리는 것이다.

육십세이든 십육세이든 모든 사람의 가슴속에는
놀라움에 끌리는 마음, 젖먹이 아이와 같은 미지에 대한

끝없는 탐구심, 삶에서 환희를 얻고자 하는
열망이 있는 법이다.
그대와 나의 가슴속에는 남에게 잘 보이지 않는
그 무엇이 간직되어 있다.

아름다움, 희망, 희열, 용기, 영원의 세계에서 오는 힘,
이 모든 것을 간직하고 있는 한
언제까지나 그대는 젊음을 유지할 것이다.

영감이 끊어져 정신이 냉소하는 눈에 파묻히고
비탄이란 얼음에 갇힌 사람은
비록 나이가 이십세라 할지라도 아마 늙은이와 다름없다.
그러나 머리를 드높여 희망이란 파도를 탈수 있는 한
그대는 팔십세 일지라도 영원한 청춘의 소유자인 것이다.

-사무엘 울만-

다시

희망찬 사람은
그 자신이 희망이다

길 찾는 사람은
그 자신이 새길이다

참 좋은 사람은
그 자신이 이미 좋은 세상이다

사람 속에 들어 있다
사람에서 시작된다

다시
사람만이 희망이다

-박노해-

그 숲의 시절로

모여서 숲이 된다.
나무 하나하나 죽이지 않고
숲이 된다.

그 숲의 시절로 우리는 간다.

-1999년 1월 교보생명 현판 내용-

인생찬가

삶은 하나의 헛된 꿈이라고 슬픈 곡조로
나에게 말하지 말라!
잠든 영혼이야말로 죽은 영혼
보이는 것과 실제는 다른 것
삶은 엄숙한 것! 삶은 진지한 것!
무덤이 결코 그 목표는 될 수 없는 것
흙에서 태어났으니 흙으로 돌아가란 그 말은
우리의 영혼에 대한 말은 아닌 것
오늘보다 내일 더 멀리 나갈 수 있도록 활동하라!
예술은 길고 인생은 덧없는 것
튼튼하고 용감한 우리의 심장이지만
지금 이 순간에도 그것은 낮은 목소리처럼
무덤으로 가는 장송곡을 울리도다
인생이란 드넓은 전쟁터로
노상(路上)에서 잠을 잔다 하더라도
묵묵히 끌려가는 소떼는 되지 말자!
싸움에 뛰어들어 영웅이 되자!
미래는 믿지 말자
아무리 달콤하다 하더라도, 과거는 과거로 묻어 버리자
활동하자! 살아있는 현재에서 가슴 속의 용기를
머리 위의 하느님을 믿고
먼저 간 위대한 사람들의 생애가 우리에게 일러주는 것은
우리도 그런 삶을 살 수 있다는 것

이들은 떠나면서 시간의 모래밭 위에 발자국을 남겼네
삶의 엄숙한 바다를 항해하게 될 또 다른
우리의 형제 하나가 바다위에서 난파를 당해
절망에 빠졌을 때 이 발자국을 발견하면
다시 용기를 얻을 것!
자! 우리 모두 일어나 활동하세
어떤 운명이 온다 하여도 용기를 가지고 이루며
추구하며 일하며 기다리며!

-롱펠로우-

생각이 바뀌면

사고가 바뀌면 행동이 바뀌고

행동이 바뀌면 습관이 바뀌고

습관이 바뀌면 인격이 바뀌고

인격이 바뀌면 운명이 바뀐다.

-윌리엄 제임스-

살맛 나게

다른 사람들을 비판하고
그 사람들로 하여금 자신들이 별 볼일 없는 사람이라고
느끼게 하는 것은 쉬운 일입니다.

누구든지 그렇게 할 수 있습니다.

그러나
노력과 슬기를 필요로 하는 것은
그들을 치켜 세워서 살맛 나게 느끼도록
해주는 것입니다.

-렙베 나흐만-

오직

오직 내가 도달할 수 있는 높이까지만
나는 성장할 수 있다.

오직 내가 추구하는 거리까지만
나는 갈 수 있다.

오직 내가 살펴볼 수 있는 깊이까지만
나는 볼 수 있다.

오직 내가 꿈을 꾸는 정도까지만
나는 될 수 있다.

간절히 원하십시오

한마리의 여우가 토끼를 쫓고 있었지만,
결코 토끼를 잡을 수가 없었습니다.
여우는 한끼의 식사를 위해 뛰었지만
토끼는 살기위해 뛰었기 때문입니다.
당신이 무엇을 하고자 한다면
간절히 원하십시오.

지금 무엇을 하지 못하거나
일이 안되는 것은 그만큼 간절히
원하고 있지 않기 때문입니다.
해도 그만, 안해도 그만이라고 생각하고
행한다면 그 어떤 것도 이룰 수 없습니다.

힘이 모자랄 지라도 간절하게 원할 땐
자랑스런 용기와 적극적 행동이 저절로
나오게 되어 자신도 모르는 커다란 능력이
발휘되는 법입니다.

지금 이루어지지 않는 일이 있다면 그것은
당신이 간절하게 원하지 않기 때문입니다.

간절히 원하십시오!

자기암시

만일, 당신이 진다고 생각한다면 당신은 질 것이다.

만일, 당신이 이제 안된다고 생각하면
당신은 안될 것이다.

만일, 당신이 이기고 싶다는 마음 한구석에
이건 무리라고 생각한다면,
당신은 절대로 이기지 못할 것이다.

만일, 당신이 실패한다고 생각한다면
당신은 실패할 것이다.
돌이켜 세상을 보면 마지막까지
성공을 소원한 사람만이 성공하지 않았던가.
모든 것은 '사람의 마음'이 결정한다.

만일, 당신이 이긴다고 생각한다면
당신은 승리할 것이다.

만일, 당신이 항상
'하고 싶다' '자신감을 갖고 싶다'고 원한다면
당신은 그대로 될 것이다.

자, 다시 한번 출발해 보라.
강한 자만이 승리한다고는 정해져 있지 않다.
재빠른 사람만이 이긴다고 정해져 있지도 않다.

'나는 할 수 있다'
그렇게 생각하는 자가 결국 승리하는 것이다.

-나폴레온 힐-

청춘

사람은 희망과 함께 젊고 실망과 더불어 늙는다.

사람은 자신감과 함께 젊고 공포와 함께 늙는다.

사람은 신념과 함께 젊고 타락과 함께 늙는다.

사람은 애정과 함께 젊고 증오심과 함께 늙는다.

사람은 모험심과 함께 젊고 무관심과 함께 늙는다.

사람은 불타는 정열과 함께 젊고 냉담한 마음과 함께 늙는다.

사람은 창조력과 함께 젊고 생각하지 않음으로써 늙는다.

사람은 용맹심과 함께 젊고 실행하지 않음으로써 늙는다.

사람은 이상과 함께 젊고 목적이 없어짐과 함께 늙는다.

사람은 상쾌함과 함께 젊고 짜증과 함께 늙는다.

사람은 안심과 함께 젊고 불안과 함께 늙는다.

-나구라 야스노부-

무한한 힘을 가지고 있는 신념

가난하게 되거나 부자가 되거나 어느 쪽이든
그렇게 되기 위한 자신의 신념에서 비롯된다.

신념이 없으면 성공도 없다.
신념은 잠재의식에 자기암시를 줌으로써
강화할 수 있는 것이다.

신념의 놀라운 힘은 링컨이나 간디의 경우처럼
몇백만 명이라는 사람들의 마음을
흔들어 움직이게 한다.

-나폴레온 힐-

동경심

만일 당신이 배를 만들고 싶다면,
사람들을 불러모아 목재를 가져오게 하고
일을 지시하고 일감을 나눠 주는 등의
일을 하지 말아라.

대신 그들에게
저 넓고 끝없는 바다에 대한
동경심을 키워줘라.

-생텍쥐베리-

경쟁상대

첫번째 경쟁상대는 자기자신이다.
자기자신을 이겨야 한다.

두번째 경쟁상대는 목표이다.
목표와 싸워서 이겨야 한다.

그리고 세번째 경쟁상대가 상대방이다.
상대방보다 앞서가는 사람이 되야한다.

강해져라!

강해져라!
여기서는 놀아서도, 꿈을 꿔서도 헤매서도 안되며
열심히 일해야 하고 짐이 되는 것들을 치워야 한다.
대결을 피하지 말고 맞부딪쳐라. 그것은 신의 선물이다.
강해져라!
'시절이 좋지 못하다, 누구의 잘못인가?' 라고 말하지 말라.
양손을 끼고 묵묵히 따르다니 부끄럽지도 않은가!
일어서라, 그리고 신의 이름으로 용감하게 외쳐라.
강해져라!
악이 얼마나 깊숙이 파고들어 있고 전투가 얼마나 격렬하며
얼마나 그 날이 긴가는 별로 중요치 않다.
용기를 잃지 말고 계속해서 투쟁하라!
내일은 노래를 부를 수 있으니

-밥콕-

정상에 올라가 보라

운은 하늘에 있고 생각은 내 가슴에 있으며
움직임은 발에 있어서 언제라도 적을 만나면
싸워야 할 것이니라

죽었다하고 생각하면 살아있고
살았다 생각하고 싸우면 반드시 죽음이 있으리니

이는 승패는 천명, 생각은 마음에 있으니
발이야 말로 싸움에서 우선 이기는 도구이다.

여기를 죽음의 장소로 생각하는 사람이야 말로 살아 남고
잘 싸워서 살아 남으려는 생각을 하는 사람은 죽는다는 뜻
일도 싸움과 비슷하다.
잘 해내려 하는 것보다 필사적 도전의 각오가 중요하다.

-우지케코이지-

거물과 졸부

모든 벽은 문이다.
가장 늦었다고 생각될 때야 말로 절호의 찬스다.
따라서 거물은 불평이나 변명을 하지 않는다.
벽은 뚫기만 하면 통로가 되기 때문이다.

졸부는 배짱도 없고
실패를 두려워하기 때문에
흐리멍텅한 생활태도를 취하기 마련이다.
고로 좋은 기회를 날려 보내는 것이다.

거물은 인생의 비젼이 뚜렷이 서있기 때문에
자신의 비젼에 맞지 않는 것에는 손을 대지 않는다.
졸부는 비젼이 없으므로 조금이라도 이득만 있다면
이것 저것 가리지 않고 마구 덤비기 마련이다.

오늘의 나의 행적

눈 덮힌 광야를 지날지라도 (踏雪野中去)

모름지기 함부로 걷지말라 (不須胡亂行)

오늘의 나의 행적이 (今日我行跡)

마침내 뒷 사람의 길이 되리니 (遂作後人程)

-백범 애송시-

인생은 원하는 만큼

인생을 싼값에 파는 사람에게
인생은 그 이상을 지불하지 않습니다.
뒤에 가서 후회해 보아도
이미 소용이 없습니다.

인생에 고용되려고 하는 사람에게
인생은 원하는 만큼 급료를 주겠지만
한번 급료가 결정되면
일생 그 급료로 살아야만 합니다.

가령 비참한 일이라도
자진하여 고생을 배운다면
자립심을 가지고 전진하는 사람에게
인생은 어떤 부라도 줍니다.

-나폴레온 힐-

 아름다운 죽음에 관한 사색

꽃송이들이 모두 시드는 것처럼, 젊음이 노년에게 자리를
비워 주는 것처럼, 삶의 모든 과정은 곱게 피어난다.

모든 지혜로움과 덕망이 그 나이에 맞게 피어나지만
영원히 지속될 수는 없다.
작별을 준비하여 새로 시작하는 것은
삶의 중요한 모습이다.

삶의 한 과정에서 친숙해져서
친밀감을 느끼는가 싶으면
어느새 무기력이 우리를 위협한다.

박차고 떠나갈 준비가 되어 있는 사람만이
굳어지는 습관에서 벗어날 수 있다.
설령 죽음의 순간을 맞는다고 하더라도.

새로운 시작은 우리에게 신선하게 다가올 것이다.
삶의 의지는 결코 사그라들지 않으리…

자, 심장이여, 힘차게 이별을 고하고 새롭게 태어나라!

-헤르만 헤세-

방법은 있다

한 번에 안되면 두 번이상 하면 되고
나 혼자서 안되면 남과 같이 하면 되고
오늘 해서 안되면 내일 하면 되고
이 방법이 아니면 다른 방법으로 하면 되고
빨리 해서 안되면 천천히 하면 되고
자기 돈이 없으면 은행 돈을 쓰면 되고
손으로 못하면 입으로 하면 되고
능력이 없으면 전문가에게 맡기면 되고
사람의 힘으로 안되면 기계의 힘으로 하면 되고
남자 혹은 여자 혼자서 안되면 결혼하면 된다.

버려야 한다

앞으로 다가올 시대는 바로 지식의 시대다.
지금은 그러한 시대를 맞이하는 격변기다.
지식이 인간의 부를 결정짓는 가장 중요한 요소가 될 것이다.
우리의 의지와는 상관없이 패러다임의 대전환은 시작됐다.
우리가 살아남기 위해서는 무엇보다
우리 자신의 노력이 중요하다.
남을 믿고 기다릴 수만은 없다.
무엇보다 우리 자신의 책임 아래 이뤄야 한다.
'하늘은 스스로 돕는 자를 돕는다'는 말이 있다.
그렇다면 우리는 스스로 어떻게 도와야 하는가?
먼저 우리의 비참한 현실을 직시해야 한다.
우리는 변해야 하며 혁신해야 한다.
무엇보다 배워야 한다.
더욱 중요한 것은 '버려야 한다'는 것이다.
우리 사고를 지배하던 과거 모든 양식을
과감히 떨쳐내야 한다.
대신 새로운 양식을 익혀야 한다.
정보화 시대에 걸맞는 새로운 제도와 조직
그리고 프로세스를 만들어야 한다.

-말레이시아 총리 마타하르-
『2000년 3월, 연설 내용』 중에서

의식개혁 없이는

숫자를 바꾸려면 행동을 고쳐야 하고
행동을 고치려면 주안점을 바꿔야 한다.
주안점을 바꾸려면 목표를 바꿔야 하고
목표를 바꾸려면 발상을 바꿔야 하고
발상의 전환을 시도하려면 사생활의 습관,
버릇을 바꿔야 한다.

연구, 개선, 혁신 작업만을 업무라 할 수 있다.
그 외는 업무가 아니라 통상작업을 하고 있는 것이다.
고객을 어떻게 하면 즐겁게 해줄 수 있을 것인가를
생각하고 연구하며 개선하는 작업만을 일이라 할 수 있다.
그 외는 통상작업을 하고 있다고는 말할 수 있을지는
몰라도 일을 하고 있다고는 할 수 없다.

지시를 기다리는 사람은 필요 없다!
행동하는 인간이 되어야 한다.
알고 있으면서 하지 않는 것은 모르는 것보다 나쁘다.
죄악이다!
좋은 것은 빨리 실행하라!

-냐그라 야스노부-

성공하는 것이란

더 자주 웃고 더 많이 사랑하는 것
지적인 사람들로터 사랑 받는 것
아이들로부터 사랑받는 것
건강한 비판가들로부터 인정을 얻고
나쁜 친구들의 배신을 이겨내는 것
아름다움에 감사하는 것
선을 찾아내는 것
자기자신을 아낌없이 주는 것
건강한 아이를 통해서이든
마당의 한뙤기를 통해서이든
사회적 발전을 통해서이든
조금 더 좋은 것을 이 세상에 남기는 것
열광적으로 웃으며
환희에 가득차 노래하는 것
당신이 있음으로 해서
다른 어떤 이의 삶이
좀 더 수월할 수 있다는 사실을 아는 것
이것이 바로 성공하는 것이다.

-랠프 월도 에머슨-

개혁의 어려움

새로운 질서를 만들어 내는 것 만큼
어렵고 힘든 일은 없다.

참으로 성공하기 어렵다.

왜냐하면 현재의 제도와 시스템으로부터
혜택을 보고 있는 모든 사람들로부터 엄청난
저항을 받을 수 밖에 없기 때문이다.

그러나 한편 개혁을 도와줄 사람들은
새로운 질서가 가져다줄 혜택에 대한 모호한
그림 밖에는 없다.

강력한 적과 미온적인 동지
이것이 바로 혁신이 성공하기 어려운 근본적인
이유이다.

-마키아벨리-

빠른 출발이 반드시 좋은 것은?

나는 세상에서 또 다른 것을 보았다.
빠르다고 해서
달리기에서 이기는 것은 아니며,
용사라고 해서
전쟁에서 이기는 것도 아니더라.
지혜가 있다고 해서
먹을 것이 생기는 것도 아니며,
총명하다고 해서
재물을 모으는 것도 아니며,
배웠다고 해서
늘 잘되는 것도 아니더라.

-솔로몬-

장·단점

곧음을 취하려면 융통성이 없음을 포용해야 한다.
질박함을 취하려면 어리석음은 감싸 안아야 한다.
굳셈을 취할진대 소견 좁음은 감내 해야 한다.
민첩함을 높이 사도 성김에 대해서는 너그러워야 한다.
말 잘함을 취하려면 얼마간 건방짐은 어쩔 수가 없다.
신의 있음을 얻으려면 얽매임도 감당해야 한다.
이른바 사람은 좋은 점이 있으면 나쁜 점도 있다.
단점으로 인하여 장점을 찾아내야지
장점을 꺼려 단점을 지적해서는 안 된다.

- 『마음을 비우는 지혜』 중에서-

산림을 다 태우고 사냥을 하면

산림을 다 태우고 사냥을 하면
얻는 짐승은 비록 많을지 모르나
이듬해에는 잡을 것이 없게 되고

못의 물을 다 퍼내고 고기를 잡으면
많은 고기를 얻을 수는 있으나
역시 이듬해에는 잡을 것이 없게 된다.

사술(詐術)을 쓰면
비록 목전의 이익은 훔칠 수 있겠지만
뒤에 큰 보답은 없다.

-유향-

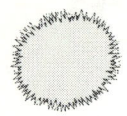

고요히 앉아본 뒤에야

고요히 앉아본 뒤에야 보통 때의 기운이 경박했음을 알았다.

침묵을 지킨 뒤에야 지난날의 언어가 조급했음을 알았다.

일을 되돌아 본 뒤에야 전날에 시간을 허비했음을 알았다.

문을 닫아건 뒤에야 앞서의 사귐이 지나쳤음을 알았다.

욕심을 줄인 뒤에야 예전의 잘못이 많았음을 알았다.

정을 쏟은 뒤에야 평일에 마음씀이 각박했음을 알았다.

-『마음을 비우는 지혜』중에서-

만족과 성공

사람은 슬프기 때문에 우는 것이 아니라
울고 있는 가운데 슬프게 된다.

사람은 즐겁기 때문에 웃는 것이 아니라
웃고 있는 가운데 즐겁게 된다.

우리는 성공했기 때문에 만족하는 것이 아니라
만족하고 있었기 때문에 성공한 것이다.

-알랭-

한가지 마음이면

한 가지 마음이면 1백 명의 임금도 섬길 수 있으나
1백가지 마음이면 한 임금도 섬길 수 없다.
그래서 마음을 바르게 가지고 말을 적게 하라고 한 것이다.

-유향-

옛 사람은 말했다
"한 마음으로는 만가지 일을 처리할 수 있지만
두 마음으로는 한가지 일도 처리할 수가 없다."

나는 말한다
"한 마음으로는 만명의 벗과 사귈 수 있어도
두 마음으로는 한사람의 벗도 사귈 수 없다."

- 『마음을 비우는 지혜』 중에서-

모두 자기 자신에게

남을 사랑하여도 그 사람이 친해주지 않으면
자기의 사랑이 부족한지 반성하고,
남을 다스려도 다스려지지 않으면
자신의 지혜가 부족한가 반성하며
예로써 사람을 대하여도 답례가 없으면
자신의 공경함이 부족한가 반성하라.
또, 일을 행하여 바랐던 것을 얻지 못하는
것이 있으면 그 원인을 자기 자신에게서
모두 구하라.

-맹자-

유태인의 지혜

가장 현명한 사람은
모든 사람에게서 배우는 사람이다.

가장 강한 사람은
자기의 감정을 억제할 수 있는 사람이다.

가장 부유한 사람은
자기가 가진 것으로 만족하는 사람이다.

사람들에게 가장 사랑받는 사람은
모든 사람을 칭찬하는 사람이다.

-탈무드 중에서-

돈을 주고 살 수 없는 선물

약속을 지키는 것
비밀을 지키는 것
꿈을 나누는 것
사랑하는 여성에게 좋아하는 꽃을 보내는 것
남에게도 마지막 한마디를 할 기회를 주는 것
미소를 미소로 갚는 것
남이 즐겨하는 얘기를 또 듣고 또 다시 웃어주는 것
사람들이 줄 서 있을 때 자기 앞에 남을 끼워주는 것
어린애의 말에 귀 기울이는 것
어른 말도 들어주는 것
좋아하는 사람에게 칭찬의 말을 해주는 것
싫어하는 사람에게도 칭찬의 말을 해주는 것

돈으로는

돈으로 침대는 살 수 있으나 잠은 살 수 없고,
돈으로 책은 살 수 있으나 두뇌는 살 수 없고,
돈으로 음식은 살 수 있으나 입맛은 살 수 없고
돈으로 멋진 옷은 살 수 있으나 미는 살 수 없고,
돈으로 집은 살 수 있으나 가정은 살 수 없고,
돈으로 약은 살 수 있으나 건강은 살 수 없고,
돈으로 사치품은 살 수 있으나 교양은 살 수 없고,
돈으로 오락은 살 수 있으나 기쁨은 살 수 없고,
돈으로 십자가는 살 수 있으나 구세주는 살 수 없고,
돈으로 교회는 살 수 있으나 천국은 살 수 없다.

-서양의 어느 현자-

반지의 의미

만남에 대하여 기도하자는 것이다
만남에 대하여 감사하자는 것이다
처음과 같이 아름답자는 것이다
처음과 같이 순결하자는 것이다
언제나 첫마음으로 돌아가자는 것이다
언제나 첫마음을 잃지말자는 것이다
사랑에도 외로움이 기다리고 있다는 것이다
결혼에도 외로움이 기다리고 있다는 것이다
꽃이 진다고 울지말자는 것이다
스스로 꽃이 되자는 것이다
처음과 같이 가난하자는 것이다
처음과 같이 영원하자는 것이다

새로운 교훈을

하나의 깨어진 꿈은
모든 꿈의 마지막이 아니다.

하나의 부서진 희망은
모든 희망의 마지막이 아니다.

폭풍우와 비바람 너머로
별들은 빛나고 있으니

그대의 성곽들이 무너져 내릴지라도
다시 성곽짓기를 계획하라.

비록 많은 꿈이 재난에 무너져 내리며
고통과 상한 마음이
세월의 물결에서 그대를 넘어뜨릴지라도
그래도 신앙에 매어달려라.

그리고 그대의 눈물에서
새로운 교훈을 배우기를 힘쓰라.

-에드가 게스트-

사람을 판단할 때

사람을 판단할 때는

그가 귀해졌을 때
누구를 추천하는가를 보고

부유해졌을 때
무엇을 베푸는가를 보며

가난할 때
무엇을 어떻게 취하는가를 볼 것이며

궁해졌을 때
무슨 짓을 하는가를 보라

이로 말미암아 보면
그의 사람됨을 알 수 있다

-유향-

젊은이에게 주는 신년 인사

사람은 무릇 새해에 병든 말에게 하듯
계획들로 무거운 짐을 지워서는 안된다.
그것에 너무 지나치게 짐을 지게 되면
필경은 동강이 나고 말리라.

계획들이 울창하게 번성하면 할수록
그만큼 실천은 더욱 어렵게 되리니
무시무시하게 노력을 할 것이라 다짐을 하고선
결국에 가서는 아무것도 하지 못한다.

얼굴이 붉어지도록 부끄러워하는 건 별 도움이 안된다.
수천 가지 일을 계획했으니 그래도 마땅하지
하고만 있는 것도 소용없는 일이다.
지침을 내버려두고 돌진하여 개선하라 !

-에리히 케스트너-

인생을 다시 산다면

다음 번에는 더 많은 실수를 저지르리라.
긴장을 풀고 몸을 부드럽게 하리라.
이번 인생보다 더 우둔해지리라.
가능한 한 매사를 심각하게 생각하지 않을 것이며
보다 많은 기회를 붙잡으리라.

여행을 더 많이 다니고 석양을 더 자주 구경하리라.
산에도 더욱 자주 가고 강물에서 수영도 많이 하리라.
아이스크림은 많이 먹되 콩요리는 덜 먹으리라.
실제적인 고통은 많이 겪을 것이나
상상 속의 고통은 가능한 한 피하리라.

보라, 나는 시간 시간을, 하루 하루를
의미있고 분별있게 살아온 사람 중의 하나이다.
아, 나는 많은 순간들을 맞았으나 인생을 다시 시작한다면
나의 순간들을 더 많이 가지리라.
사실은 그러한 순간들 외에는 다른 의미없는
시간들을 갖지 않도록 애쓰리라.
오랜 세월을 앞에 두고 하루 하루를 살아가는 대신
이 순간만을 맞으면서 살아가리라.

나는 지금까지 체온계와 보온물병, 레인코트, 우산이 없이는
어느 곳에도 갈 수 없는 그런 무리 중의 하나였다.
이제 인생을 다시 살 수 있다면 이보다
장비를 간편하게 갖추고 여행길에 나서리라.

내가 인생을 다시 시작한다면
초봄부터 신발을 벗어던지고
늦가을까지 맨발로 지내리라.
춤추는 장소에도 자주 나가리라.
회전목마도 자주 타리라.
데이지 꽃도 많이 꺾으리라.

-나딘 스테어-

아름다운 것은

천지간에 사람에게 재앙이 되는 것은 '많음' 같은 것이 없고,
사람으로 하여금 쉽게 많이 갖게끔 만드는 것에 '아름다움'
만한 것이 없다.

아름다운 맛은 사람으로 하여금 많이 먹게 만들고,
아름다운 여인은 사람에게 지나친 욕심을 갖게 만든다.

아름다운 소리는 사람에게 많이 듣고 싶은 마음을 불어넣고,
아름다운 물건은 사람에게 지나친 욕심을 갖게끔 한다.

아름다운 벼슬은 사람에게 이것 저것 구함이 많게 만들고,
아름다운 집은 사람에게 오래 살고 싶어하게 한다.

아름다운 밭은 사람에게 많이 소유하고 싶게 만들고,
아름다운 잠자리는 사람을 방일하게 만든다.

아름다운 말은 사람에게 많이 듣고 싶어하게 만들고,
아름다운 일은 사람에게 자꾸 연연하게 만들고.
아름다운 경치는 사람을 오래 머물게 하고,
아름다운 취미는 사람에게 자꾸만 마음이 쏠리게 한다.

이것들은 모두 재앙을 불러들이는 매개가 된다.

아름답지 않으면 사람은 많이 지니려 하지 않고
많이 소유하지 않으면 사람을 낭패하게 하지 않는다.

내게는 방 하나가 있는데 이름을 <원미헌 遠美軒> 즉
아름다움을 멀리하는 집이라고 하고, 그 가운데 편액을 걸어
<냉담 冷淡>이라고 써 놓았다.

아름다운 것을 아끼지 않는 것은 아니지만 재앙이 미치게
될까 염려한 때문이다.

대개 물고기는 낚싯밥만 볼 뿐 낚싯바늘은 보지못하고
범은 양만 보았지 함정은 못보며
성성이는 술만 보고 사람은 못본다.

보지 못하는 것이 아니라 아름다운 바에 미혹되어 살펴볼
겨를이 없는 것이다.

대저 능히 곤궁함과 억울함과 빈천과 고통스러움이 도리어
상서로움이 됨을 알때 도에 대해 이야기 할 수 있을 것이다.

- 『마음을 비우는 지혜』 중에서-

승자와 패자 1

승자는 몸을 바치고, 패자는 혀를 바친다.
승자는 행동으로 말을 증명하고
패자는 말로 행위를 변명한다.
승자는 책임지는 태도로 살며, 패자는 약속을 남발한다.
승자는 벌 받을 각오로 결단하며 살다가 영광을 받고
패자는 영광을 위하여 꾀를 부리다가 벌을 받는다.
승자는 인간을 섬기다가 감투를 쓰며
패자는 감투를 섬기다가 바가지를 쓴다.

승자와 패자 2

승자는 실수했을 때 "내가 잘못했다"고 말한다.
패자는 실수했을 때 "너 때문에 이렇게 되었다"고 말한다.
승자의 입에는 솔직이 가득차고
패자의 입에는 핑계가 가득찼다.
승자는 '예'와 '아니오'를 확실히 말하고
패자는 '예'와 '아니오'를 적당히 말한다.
승자는 어린아이에게도 사과할 수 있고
패자는 노인에게도 고개를 못 숙인다.
승자는 넘어지면 일어나 앞을 보고
패자는 넘어지면 일어나 뒤를 본다.

승자와 패자 3

승자는 패자보다 열심히 일하지만 시간에 여유가 있고
패자는 승자보다 게으르지만 늘 "바쁘다, 바쁘다"고 말한다.
승자의 하루는 25시간이고
패자의 하루는 23시간 밖에 안된다.
승자는 열심히 일하고 열심히 놀고 열심히 쉰다.
패자는 허겁지겁 일하고 빈둥빈둥 놀고 흐지부지 쉰다.
승자는 시간을 관리하며 살고, 패자는 시간에 끌려 산다.
승자는 시간을 붙잡고 달리며
패자는 시간에 쫓겨서 달린다.

승자와 패자 4

승자는 지는 것도 두려워하지 않는다.
패자는 이기는 것도 은근히 염려한다.
승자는 과정을 위하여 살고, 패자는 결과를 위하여 산다.
승자는 순간마다 성취의 만족을 경험하고
패자는 영원히 성취의 만족을 경험하지 못한다.
승자는 구름 위의 태양을 보고, 패자는 구름 속의 비를 본다.
승자는 넘어지면 일어서는 쾌감을 알고
패자는 넘어지면 재수를 한탄한다.

승자와 패자 5

승자는 문제 속에 뛰어 든다.
패자는 문제의 변두리에서만 맴돈다.
승자는 눈을 밟아 길을 만든다.
패자는 눈이 녹기를 기다린다.
승자는 무대 위로 올라가며, 패자는 관객석으로 내려간다.
승자는 실패를 거울로 삼으며
패자는 성공을 휴지로 삼는다.
승자는 바람을 돛을 위한 에너지로 삼고
패자는 바람을 보면 돛을 거둔다.
승자는 파도를 타고, 패자는 파도에 삼켜진다.
승자는 돈을 다스리고, 패자는 돈에 지배된다.
승자의 주머니 속에는 꿈이 있고
패자의 주머니 속에는 욕심이 있다.

승자와 패자 6

승자가 즐겨 쓰는 말은 "다시 한 번 해 보자"이고
패자가 자주 쓰는 말은 "해 봐야 별 수 없다"이다.
승자는 차라리 용감한 죄인이 되고
패자는 차라리 비겁한 선인이 된다.
승자는 땀을 믿고, 패자는 요행을 믿는다.
승자는 새벽을 깨우고, 패자는 새벽을 기다린다.
승자는 일곱 번 쓰러져도 여덟 번 일어서고
패자는 쓰러진 일곱 번을 낱낱이 후회한다.
승자는 달려가며 계산하고
패자는 출발하기 전에 계산부터 한다.

승자와 패자 7

승자는 지긋이 듣는다.
패자는 자기가 말할 차례만 기다린다.
남의 말을 성실하게 끝까지 잘 들어주는 것은
몹시 쾌감을 주고 때로는 치료의 힘까지도 가진다.
그래서 그런 사람은 자연히 승자의 월계관이 씌워진다.
남의 말을 건성으로 듣거나 듣는 척하거나
중간에 끊어지게 하는 사람은 몹시 불쾌하고
어느 덧 패자의 딱지가 붙는다.

승자와 패자 8

승자는 부드럽다. 그러나 사실은 강하다.
패자는 결코 부드러움을 못 가진다.
그는 나약하든지 폭군의 허세를 부린다.
부드러운 자는 부러지는 일이 없다.
그러나 허세는 금방 폭로된다.
승자는 자연스럽게 평범하고
패자는 억지로 자기를 발표하려고 한다.

승자와 패자 9

승자는 다른 길이 있을 것이라고 생각하나
패자는 길은 하나 뿐이라고 생각한다.
승자는 더 나은 길이 있을 것이라고 생각하나
패자는 갈 수록 태산일 것이라고 생각한다.
승자의 방에는 여유가 있어서 자기 자신을
여러 모양으로 변화시켜 본다.
패자는 자기 하나가 꼭 들어갈 만한 상자 속에
스스로를 가두어 놓고 산다.

승자와 패자 10

승자는 자기보다 우월한 자를 보면
존경하고 그 사람으로부터 배울 점을 찾는다.
패자는 자기보다 우월한 자를 만나면 질투하고
그 사람의 갑옷에 구멍난 곳이 없는지 찾으려 한다.
승자는 자기보다 못한 자를 만나도 친구가 될 수 있으나
패자는 자기보다 못한 자를 만나면 즉시 보스가 되려고 한다.
승자는 강한 자에게는 강하고 약한 자에게는 약하나
패자는 강한 자에게는 약하고 약한 자에게는 강하다.

승자와 패자 11

승자는 자기 속도(페이스)를 유지한다.
그러나 패자에게는 두 개의 속도가 있을 뿐이다.
'발카닥' 속도와 '끄덕끄덕' 속도이다.
발카닥 속도란 신경질적인 속도이다.
남과 비교해 보고 발카닥 스피드를 낸다.
그러나 외부의 자극이 없으면
밤낮 끄덕끄덕 조는 것 같이 스피드가 안 난다.
승자는 누가 뭐라든, 남의 스피드가 어떻든
자기의 페이스대로 달린다.
승자는 자기 장단에 맞추며
패자는 남의 장단에 맞추어 춤을 춘다.
따라서 패자는 자기를 상실하고 있다.

승자와 패자 12

승자는 등수나 상과는 관계 없이 달린다.
그러나 패자의 눈은 줄곧 상만을 바라본다.
승자의 의미는 모든 달리는 코스에, 즉 평탄한 신작로와 험준한 고갯길 전체에 깔려있다.
그러나 패자의 의미는 오직 결승점에만 있다.
따라서 승자는 꼴찌를 해도 의미를 찾으나,
패자는 1등을 차지했을 때만 의미를 느낀다.
승자는 달리는 도중 이미 행복하다.
그러나 패자의 행복은 경주가 끝나봐야 결정된다.
승자는 진리와 동행한다.
패자는 진리를 멀리한다.

승자와 패자 13

승자는 시간을 이용하는 데 마음을 쓰고
패자는 시간을 허비하는 데 마음을 쓴다.
승자는 자기가 할 수 있는 일을 하고
패자는 자기가 할 수 있는 일은 하지않고
하지도 못할 일을 쫓는다
승자는 내일을 위해서 일하고
패자는 어제를 위해서 일한다.
승자는 노력을 통해서 대가를 얻고
패자는 노력과 투자 없이 공짜를 바란다.
승자는 남이 올라가는 것을 도와주고
패자는 남이 올라가는 것을 끌어내린다.

승자와 패자 14

승자는 실패를 교훈으로 삼고
패자는 실패를 비관한다.
승자는 항상 상대방의 입장에서 생각하고
패자는 항상 자기 입장에서만 생각한다.
승자는 오늘 할일을 오늘 하지만
패자는 내일로 미룬다.
승자는 항상 웃어른을 공경하지만
패자는 자기의 이익이 있을 때에만 아첨한다.
승자는 행동으로 일하고
패자는 입으로만 일한다.

승자와 패자 15

승자는 친구를 칭찬하는 데 익숙하고
패자는 친구를 비난하는 데 익숙하다.
승자는 상대방이 실수하기 전에 충고하고
패자는 상대방이 실수하기를 기다렸다가 비난한다.
승자는 실패하면 자기 탓으로 여기고
패자는 주위 환경 탓으로 돌린다.
승자는 실패하면 스스로 위로하고
패자는 남의 동정과 위로를 즐긴다.
승자는 기다릴줄 알지만
패자는 기다리지 않고 서두른다.

승자와 패자 16

승자는 자기가 할 일을 묵묵히 하고
패자는 남이 하는 일에 일일이 참견한다.
승자는 행동하기 전에 생각하고 끝까지 가지만
패자는 행동하는 도중에 생각하고 도중에 포기한다.
승자는 정직이 최선이라 여기고
패자는 적절한 변명이 최선이라 여긴다.
승자는 부드러운 말로 상대를 설득하고
패자는 거친 말로도 상대를 설득하지 못한다.
승자는 사랑을 베풀면서 만족하고
패자는 사랑을 받으면서도 불만이다.
승자는 충고를 해주면 고맙게 여기고
패자는 참견말라고 한다.

승자와 패자 17

승자는 적극적이고 패자는 소극적이다.
승자는 긍정적이고 패자는 부정적이다.
승자는 건설적이고 패자는 파괴적이다.
승자는 작은 일에도 감사할 줄 알고
패자는 큰 행운에도 감사할 줄 모른다.
승자는 기회가 모든 사람에게 공평하게 주어졌다고 생각하고
패자는 자기만이 불리하다고 생각한다.
승자는 모든 사람이 잘 되길 바라지만
패자는 자기만 잘되길 바란다.
승자는 남을 도우며 이익을 얻고
패자는 자기 이익만을 위하다 모두 잃는다.

두 번째 이야기

사랑으로 꽃 피우자

꽃이 핀다
가장 아름다운 것을 버릴줄 알아 꽃이 핀다
그 속에 내가 다시 핀다

먼 길을 가려거든 때때로 쉬어가는 것이 필요하다.
많은 것을 얻으려면 버릴 줄도 알아야 한다.
큰일을 위해서는 마음을 비우는 지혜와 때를 기다리는 여유를 배울 필요가 있다.
항상 앞만 보고 달리지만 때로 뒤를 보며 사색을 즐길 필요가 있다.
숲이 깊으면 언젠가는 새가 날 것이고 물이 넓으면 언젠가는 많은 고기가 노닐 것이다.

좋은 것을 사랑하지 않을 사람 어디 있으랴?
사랑하는 것보다 미워하지 않는 것이 얼마나 더 어려운가?
슬플 때 웃어주고 괴로울 때 참아주고 부진할 때 믿어주는 것이 훨씬 더 힘들다.
일이 잘 될때 칭찬하지 않을 사람 어디 있으랴?
아무 것도 되는 일이 없을 때 칭찬할 수 있는 사람은 정말 용기 있는 사람이다.

어렵고 힘든 점포의 영업관리자로의 부임을 즐거운 마음으로 받아들이고, 패배의식에 젖어있는 조직을 새로운 희망과 용기로 꼴지에서 일등으로 탈바꿈시키는 것이야 말로 인내와 사랑의 산물이다. 모든 업무가 순위로 매겨지고 그 순위에 인격을 매달아야하는 냉엄한 현실. 진정한 승부를 꿈꾸며 바르고 알찬 결실을 위하여 인내하고 몸부림치는 것이야말로 진정한 사랑의 실천이다.
좋은 새는 아무 나무에나 앉지 않으며 날 때에도 앉았던 자리를 더럽히지 않는다.

사랑한다는 것은

당신을 사랑하는 것은
우리관계에 창의력을 불어 넣는 것이며
갈등속에서 일치하고자
주력하는 것입니다.

사랑한다는 것은 최고의 삶이며
최고의 삶은 사랑한다는 것입니다.

-1999년 3월 교보생명 현판 내용-

사랑의 침묵

그대에게도 세월이 지나갔구나
꽃들은 어둠 속에 소리 없이 지고

내 사랑하는 것들은 말이 없고
내 사랑하는 여자도 말이 없고
나는 너무 많은 사랑을 하다가 쓰러져
겨울 사내로 말이 없고

깊은 강물은 소리 없이 흐르듯
진실로 사랑하는 가슴은
너무 많은 말과 너무 많은 사연과
너무 많은 눈물이 있어
말없이 흘러가는 것

그래도 꼭 한 마디 품고 가야 할 말이 있어
나 이렇게 새벽 강가에서
사랑의 침묵을 듣고 있을 뿐.

-박노해-

나 그대를 사랑하는 까닭은

나 그대를 사랑하는 까닭은
아무도
그대가 준 만큼의 자유를
내게 준 사람이 없었기 때문입니다.

나 그대를 사랑하는 까닭은
그대 앞에 서면
있는 그대로의
내가 될 수 있는 까닭입니다.

나 그대를 사랑하는 까닭은
그대 아닌 누구에게서도
그토록 나 자신을
깊이
발견할 수 없기 때문입니다.

-샤퍼-

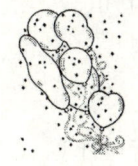

나는 가난한 사람입니다

나는 가난한 사람입니다.
그러나 당신에게 줄 것 하나가 내게 남아 있습니다.
그것은 당신을 향한 나의 사랑입니다.
당신을 향한 이 사랑 하나로
나는 모든 것을 가진 부자가 되어 가고 있습니다.

나는 가난한 사람입니다.
그러나 당신에게 줄 것 하나가 내게 남아 있습니다.
그것은 당신을 향한 나의 끝없는 기다림입니다.
당신을 기다리는 이 마음 하나로
나는 모든 것을 가진 부자가 되어 가고 있습니다.

나는 가난한 사람입니다.
그러나 당신에게 줄 것 하나가 내게 남아 있습니다.
그것은 당신을 향한 나의 우정입니다.
당신과 나누는 우정 하나로
나는 모든 것을 가진 부자가 되어 가고 있습니다.

나는 가난한 사람입니다.
그러나 당신에게 줄 것 하나가 내게 남아 있습니다.
그것은 당신을 향한 나의 맑은 눈물입니다.
당신을 향해 흘리는 나의 눈물 하나로
나는 모든 것을 가진 부자가 되어 가고 있습니다.

나는 가난한 사람입니다.
그러나 당신에게 줄 것 하나가 내게 남아 있습니다.
그것은 당신을 향한 나의 발걸음입니다.
당신을 향해 걷고 있는 발걸음 하나하나로
나는 모든 것을 가진 부자가 되어 가고 있습니다.

나는 가난한 사람입니다.
그러나 당신에게 줄 것 하나가 내게 남아 있습니다.
그것은 당신을 향한 나의 순결입니다.
당신에게 비춰지는 나의 순결한 마음 하나로
나는 모든 것을 가진 부자가 되어 가고 있습니다.

그대의 사랑 안에서

그대의 사랑 안에서 쉬고 싶습니다.
그대가 전해주는 사랑의 눈빛 하나 의지하고
편히 쉬고 싶습니다.
지난 날들은 너무나 힘들었습니다.
이제 나 그대를 만났으니 무거운 짐 내려놓고
그대의 사랑 안에서 쉬고 싶습니다.

그대의 사랑 안에서 쉬고 싶습니다.
그대 입술의 따뜻한 말 한마디 의지하고
편히 쉬고 싶습니다.
지난 날들은 너무나 차가웠습니다.
이제 나 그대를 만났으니 차가운 말들은 다 묻어 버리고
그대의 사랑 안에서 쉬고 싶습니다.

그대의 사랑 안에서 쉬고 싶습니다.
그대가 내미는 손길 하나 의지하고
편히 쉬고 싶습니다.
지난 날들은 너무나 외로웠습니다.
이제 나 그대를 만나 외로움 사라졌으니
그대의 사랑 안에서 쉬고 싶습니다.

그대의 사랑 안에서 쉬고 싶습니다.
그대가 전해준 장미 한송이 앞에 두고
편히 쉬고 싶습니다.
지난 날들은 너무나 우울했습니다.
이제 나 그대를 만나 장미처럼 화사해졌으니
그대의 사랑 안에서 쉬고 싶습니다.

그대의 사랑 안에서 쉬고 싶습니다.
그대가 밝혀 준 촛불 하나 의지하고
편히 쉬고 싶습니다.
지난 날들은 너무나 어두웠습니다.
이제 나 그대를 만나 작은 불빛 하나 가슴에 밝혔으니
그대의 사랑 안에서 쉬고 싶습니다.

그대의 사랑 안에서 쉬고 싶습니다.
그대가 불러준 내 이름 석자 의지하고
편히 쉬고 싶습니다.
지난 날들은 너무나 부끄러웠습니다.
이제 나 그대를 만나 내 이름 귀해졌으니
그대의 사랑 안에서 쉬고 싶습니다.

조용한 사랑

나는 언제나 사랑 받고 있습니다.
아침의 상쾌한 바람과 한낮의 밝은 햇살과
어두운 밤에 찾아오는 곤한 잠은
내가 받는 조용한 사랑입니다.

나는 언제나 사랑 받고 있습니다.
지저귀는 새 소리를 듣고, 붉게 물드는 노을을 보면서
내 마음에 평화가 흐르는 것은
내가 받는 조용한 사랑입니다.

나는 언제나 사랑 받고 있습니다.
부모님의 따뜻한 손길과 친구의 허물없는 격려와
한 이성에게서는 끊임없는 설레임이 전해져 옵니다.
이 모든 것은 내가 받는 조용한 사랑입니다.

나는 언제나 사랑 받고 있습니다.
내 의지가 아닌데도 나쁜 길로 들어서지 않고
늘 좋은 길을 향해 서 있는 내 모습은
내가 받는 조용한 사랑입니다.

나는 언제나 사랑 받고 있습니다.
다른 사람을 깊이 이해하고, 그들과 함께하는 것을 좋아하며
맡은 일에 최선을 다하는 것은

내가 받는 조용한 사랑입니다.

나는 언제나 사랑 받고 있습니다.
많이 괴롭거나 슬퍼 울 때도 있지만
곧 눈물을 그치고 내일을 향해 다시 일어서는 것은
내가 받는 조용한 사랑입니다.

나는 언제나 사랑 받고 있습니다.
날마다 지혜가 늘어나고, 삶에 대한 애정이 깊어질수록
나를 가르치고 성숙시킨 분들에게 감사하게 되는 것은
내가 받는 조용한 사랑입니다.

나는 언제나 사랑 받고 있습니다.
결혼을 하여 가정을 이루고 자녀들과 함께
서로 위로하고 격려하면서 아름답게 살아가는 것은
내가 받는 조용한 사랑입니다.

나는 언제나 사랑 받고 있습니다.
나이가 들어 가면서도 초조하지 않고
만물과 만사에 순응하면서 담담히 나의 길을 가는 것은
내가 받는 조용한 사랑입니다.

나를 사랑하는 이가 있기에

삶이 힘들어 지칠 때면 나는 얼른 나를 사랑하는 이가
있음을 기억해 냅니다.
그러면 새 힘이 생기고 삶의 짐이 가벼워집니다.
나를 사랑하는 사람이 이 세상에 있다는 것은
나의 가장 큰 힘입니다.

슬픔과 아픔이 나를 휩쌀 때면 나는 얼른
나를 사랑하는 이가 있음을 기억해 냅니다.
그러면 슬픔이 옅어지고 아픔이 치료됩니다.
나를 사랑하는 사람이 이 세상에 있다는 것은
나의 가장 큰 힘입니다.

좌절하고 낙심될 때면 나는 얼른
나를 사랑하는 이가 있음을 기억해 냅니다.
그러면 좌절의 늪에서 빠져 나와
새로운 소망의 언덕에 서게 됩니다.
나를 사랑하는 사람이 이 세상에 있다는 것은
나의 가장 큰 힘입니다.

일이 잘 되지 않고 실수하여 야단맞을 때면 나는 얼른
나를 사랑하는 이가 있음을 기억해 냅니다.
그러면 나의 부족함이 깨우쳐지고 겸손한 자세로
새로운 다짐과 노력을 하게 됩니다.

나를 사랑하는 사람이 이 세상에 있다는 것은
나의 가장 큰 힘입니다.

외롭고 쓸쓸하다고 느껴질 때면
나는 나를 사랑하는 이가 있음을 기억해 냅니다.
그러면 외로움과 쓸쓸함이 썰물처럼 밀려가고
함께 살아가는 이들의 정다운 모습이 밀물처럼 밀려옵니다.
나를 사랑하는 사람이 이 세상에 있다는 것이
나의 가장 큰 힘입니다.

사람에게 실망하고 미움이 일어날 때면
나는 얼른 나를 사랑하는 이가 있음을 기억해 냅니다.
그러면 미움이 사라지고 다시 사람을 신뢰하게 됩니다.
나를 사랑하는 사람이 이 세상에 있다는 것은
나의 가장 큰 힘입니다.

불평이 가득하고 웃음이 사라질 때면
나는 얼른 나를 사랑하는 이가 있음을 기억해 냅니다.
그러면 불평이 떠나고 미소가 피어 오릅니다.
나를 사랑하는 사람이 이 세상에 있다는 것은
나의 가장 큰 힘입니다.

우리 사랑이

아름다운 봄날, 내 마음에는
사랑의 물결이 반짝이고 있습니다.
특별한 한 사람을 사랑하고
그 사람으로부터 사랑받고 싶은 것입니다.
나는 이 사랑을 이루기 위하여
내 마음에 다짐하고 준비하는 것들이 있습니다.

나는 먼저 그 사람과의 만남을
기적이라 말하며 소중히 여길 것입니다.
수많은 사람 중에서, 끝없는 시간 속에서
우리가 이렇게 만난 것을
나는 이 세상에서 가장 귀하고 아름다운
기적이라고 말할 것입니다.
그러면 우리 사랑이 이루어질 것입니다.

나는 그 사람에게 내 진실을 보여 줄 것입니다.
마음을 정결하게 하고 아무 티없고 거짓 없는
나의 진솔한 모습을 보일 것입니다.
그러면 우리 사랑이 이루어질 것입니다.

나는 그 사람에게 웃음을 보여 줄 것입니다.
밝은 모습으로 웃음을 보이면
그 사람의 마음이 열릴 것이고

나는 그 문으로 들어갈 것입니다.
그러면 우리 사랑이 이루어질 것입니다.

나는 그 사람에게 부드럽게 말할 것입니다.
겸손하지만 지혜롭고, 여러 번 생각한 끝에 찾아낸
귀한 말을 겸손하고 지혜롭게 전할 것입니다.
그러면 우리 사랑이 이루어질 것입니다.

나는 그 사람에게 믿음의 모습을 보여 줄 것입니다.
사람과 사물에 흔들리지 않는 분명한 나를 보여주면
그는 나를 진실한 사람으로 여길 것입니다.
그러면 우리의 사랑이 이루어질 것입니다.

나는 그에게서 꿈을 발견할 것입니다.
멀리 있는 꿈이 아니라 소박하지만
귀한 꿈을 찾아낼 것이고,
그가 그 꿈을 이루는 데 내가 힘이 되도록 할 것 입니다.
그러면 우리의 사랑이 이루어질 것입니다.

사랑의 기도

말없이 사랑하여라.
내가 한 것처럼 아무 말 말고
자주 겉으로 드러나지 않게
조용히 사랑하여라.
사랑이 깊고 참된 것이 되도록
말없이 사랑하여라.

아무도 모르게 숨어서 봉사하고
눈에 드러나지 않게
좋은 일을 하여라.
그리고 침묵하는 법을 배워라.
말없이 사랑하여라.
꾸지람을 듣더라도 변명하지 말고
마음 상하는 이야기에도
말대꾸 하지말고
말없이 사랑하는 법을 배워라.

네 마음을 사랑이 다스리는
왕국이 되도록 하여라.
그 왕국을 타인을 향한 자상한 마음으로
채우고
말없이 사랑하는 법을 배워라.

사람이 너를 가까이 않고
오히려 따돌림을 받을 때 말없이 사랑하여라.
도움을 주고 싶어도 받아들이려 하지 않는
사람을 위해 기도하여라.
오해를 받을 때 말없이 사랑하여라.
사랑이 무시당하는 것을 참으면서…

슬플 때
말없이 사랑하는 법을 배워라.
주위에 기쁨을 흩뿌리며
사람들이 행복을 느끼도록 마음을 써라.
인간의 말이나 태도로 인해
초조해지거든 말없이 사랑하여라.
마음 저 밑바닥에 스며든 괴로움을
인내하며 바쳐라.

네 침묵 속에
원한이나 인내롭지 못한 마음
또는 심한 비판이
끼어들지 못하도록 하여라.
언제나 타인을 존중하고
소중히 여기도록 마음을 써라.
-J. 갈로-

남아 있는 이야기는

우리가 서로 사랑할 때 길게 말하지 않도록 합시다.
길게 말하다가 사랑의 떨림이 사라지기 전에 속히 말을 그치고 남아 있는 사랑의 떨림은 마음으로 나누도록 합시다.

우리가 서로 용서할 때 목소리를 높이지 않도록 합시다.
높은 목소리로 말함으로써 용서의 진실이 가벼워지기 전에 속히 목소리를 낮추고 남아 있는 용서의 이야기는 마음으로 전하도록 합시다.

우리가 서로 그리울 때 길게 편지하지 않도록 합시다.
길게 쓴 편지 때문에 그리움이 엷어지기 전에 속히 글을 멈추고 남아 있는 그리움은 마음으로 전하도록 합시다.

우리가 서로 기뻐할 때 크게 소리치지 않도록 합시다.
큰소리로 말미암아 기쁨의 감동이 사라지기 전에 소리를 낮추고 남아 있는 기쁨은 마음으로 느끼도록 합시다.

우리가 서로 도울 때 높은 곳에 올라가 아래로 손 내밀지 않도록 합시다.
높은 곳에서 교만으로 넘어지기 전에 속히 낮은 곳으로 내려와 남아 있는 도움은 남모르게 하도록 합시다.

우리가 서로 슬퍼질 때 슬픔의 강에 깊이 빠지지 않도록 합시다.
슬픔의 강물에 깊이 빠져 가슴까지 차가워지기 전에 속히 강가로 나와 가슴만은 따뜻하게 지켜 가도록 합시다.

우리가 서로 헤어질 때 이별의 기간을 오래 갖지 않도록 합시다.
헤어지는 시간이 길어져 만남의 아름다움이 추해지기 전에 속히 떠나 보내고 남아 있는 이야기는 마음에 간직하도록 합시다.

당신의 빈자리

당신이 비춰야만 눈뜨는 나에게
당신의 빈자리는 너무 크다.

당신이 속삭여야만 잠드는 나에게
당신의 빈자리는 너무 크다.

당신과 함께여야만 하는 나에게
당신의 빈자리는 너무 크다.

실패의 좌절과 처절함보다
무지의 서러움과 막막함보다
허위의 분노와 허탈감보다

몸서리 치도록 맹렬한 기세로
지옥의 고통으로 몰아가는 건

내가 사랑하는
나를 사랑하는

당신이 없는 빈 공허

그대는 그런 사람을 가졌는가?

만리 길 나서는 길 처자를 내 맡기며
맘놓고 갈 만한 사람
그 사람을 그대는 가졌는가?

온 세상이 다 나를 버려 마음이 외로울 때에도
'저 맘이야'하고 믿어지는
그 사람을 그대는 가졌는가?

탔던 배 꺼지는 순간 구명대 서로 사양하며
'너만은 제발 살아다오' 할
그런 사람을 그대는 가졌는가?

불의의 사형장에서 '다 죽어도 너의 세상 빛을 위해 저만은
살려두거라' 일러줄
그런 사람을 그대는 가졌는가?

잊지 못할 이 세상을 놓고 떠나려 할 때
'저 하나 있느니'하며 빙긋이 눈을 감을
그 사람을 그대는 가졌는가?

온 세상의 찬성에 '아니'하고 가만히 머리 흔들
그 한 얼굴 생각에 알뜰한 유혹을 물리치게 되는
그 사람을 그대는 가졌는가?

-함석헌-

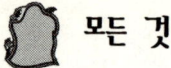 ## 모든 것

모든 것을 맛보고자 하는 사람은
어떤 맛에도 집착하지 않아야 한다.

모든 것을 알고자 하는 사람은
어떤 지식에도 메이지 않아야 한다.

모든 것을 소유하고자 하는 사람은
어떤 것도 소유하지 않아야 하며,
모든 것이 되고자 하는 사람은
어떤 것도 되지 않아야 한다.

자신이 아직 맛보지 않은 어떤 것을 찾으려면
자신이 알지 못하는 곳으로 가야 하고,
소유하지 못한 것을 소유하려면
자신이 소유하지 않은 곳으로 가야한다.

모든 것에서 모든 것에게로 가려면
모든 것을 떠나 모든 것에게로 가야 한다.

모든 것을 가지려면
어떤 것도 필요로 함이 없이 그것을 가져야 한다.

-십자가의 성요한-

그러나 나는

어떤 이들은 "내일이 없다는 듯이 살아가라"고 말합니다.
그러나 나는 그러지 않을 것입니다.
나는 내일을 기다리며 영원히 살 것처럼 생각하고 행동할 것입니다.
그래야 나의 소망이 높아지고 오늘 쌓는 작은 노력들이 더욱 소중해지기 때문입니다.

어떤 이들은 "젊음은 다시 오지 않는다"고 말합니다.
그러나 나는 그렇게 생각하지 않습니다.
내 젊음은 다시 찾아오지 않겠지만 내 마음의 젊음은
내 푸른 생각으로 언제까지나 간직할 수 있기 때문입니다.

어떤 이들은 "인생에는 한때가 중요하다"고 말합니다.
그러나 나는 그렇게 생각하지 않습니다.
삶의 한때를 통해서 보는 나 자신보다
내 평생을 통해 보게될 내 모습이 더 귀하기 때문입니다.

어떤 이들은 "속히 과일을 따서 빨리 익혀먹자"고 말합니다.
그러나 나는 그러지 않을 것입니다.
나는 과일을 나무에서 익히기 위한 가을 햇살이 준비되어
있다는 사실을 믿기 때문입니다.

어떤 이들은 "멈추지 말고 쉼없이 달려가라"고 말합니다.
그러나 나는 그렇게 하지 않을 것입니다.
삶에 대한 순간의 긴장은 늦추지 않겠지만
생활속의 자유를 소중히 여기며, 충분한 휴식으로 활기찬
생활을 하고 싶기 때문입니다.

어떤 이들은 "그냥 이대로가 좋다"고 말합니다.
그러나 나는 그렇게 말하지 않을 것입니다.
나의 삶 속에는 지금보다 훨씬 더 좋은 것들이
많이 있다고 믿기 때문입니다.

어떤 이들은 "시간이 없다"고 말합니다.
그러나 나는 그렇게 생각하지 않습니다.
없는 것은 시간이 아니라 내 마음의 확신으로
이런 마음만 있으면 시간은 언제라도 충분하기 때문입니다.

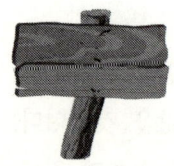

그러다 보면

나는 어떤 일이 있어도 정직하게 말하고 행동할 것입니다.

그러다 보면 이 일로 대단한 승리는 거두지 못할지라도
내 생활이 조금은 더 자유로워질 것입니다.

나는 항상 얼굴에 미소를 띄울 것입니다.
그러다 보면 이 일로 대단한 승리는 거두지 못할지라도
내 생활이 조금은 더 행복해질 것입니다.

나는 항상 말을 부드럽게 할 것입니다.
그러다 보면 이 일로 대단한 승리는 거두지 못할지라도
내 생활이 조금은 더 잔잔해질 것입니다.

나는 어느 자리에서나 예절을 지킬 것입니다.
그러다 보면 이 일로 대단한 승리는 거두지 못할지라도
내 생활이 조금은 더 윤택해질 것입니다.

나는 누구에게나 친절할 것입니다.
그러다 보면 이 일로 대단한 승리는 거두지 못할지라도
내 생활이 조금은 더 따뜻해질 것입니다.

나는 사회의 질서와 규범을 잘 지킬 것입니다.
그러다 보면 이 일로 대단한 승리는 거두지 못할지라도
내 생활이 조금은 더 당당해질 것입니다.

나는 양보할 수 있는 기회가 주어지면 내가 먼저
양보할 것입니다.
그러다 보면 이 일로 대단한 승리는 거두지 못할지라도
내 생활이 조금은 더 여유로워질 것입니다.

나는 항상 겸손하고 근면할 것입니다.
그러다 보면 이 일로 대단한 승리는 거두지 못할지라도
내 생활이 조금은 더 풍요로워질 것입니다.

그러나 이제 보니

내 마음이 메마를 때면 나는 늘 남을 보았습니다.
남이 나를 메마르게 하는 줄 알았기 때문입니다.
그러나 이제 보니 내가 메마르고 차가운 것은
남 때문이 아니라 내 속에 사랑이 없었기 때문입니다.

내 마음이 불안할 때면 나는 늘 남을 보았습니다.
남이 나를 불안하게 하는 줄 알았기 때문입니다.
그러나 이제 보니 내가 불안하고 답답한 것은
남 때문이 아니라 내 속에 사랑이 없었기 때문입니다.

내 마음이 외로울 때면 나는 늘 남을 보았습니다.
남이 나를 버리는 줄 알았기 때문입니다.
그러나 이제 보니 내가 외롭고 허전한 것은
남 때문이 아니라 내 속에 사랑이 없었기 때문입니다.

내 마음에 불평이 쌓일 때면 나는 늘 남을 보았습니다.
남이 나를 불만스럽게 하는 줄 알았기 때문입니다.
그러나 이제 보니 나에게 쌓이는 불평과 불만은
남 때문이 아니라 내 속에 사랑이 없었기 때문입니다.

내 마음에 기쁨이 없을 때면 나는 늘 남을 보았습니다.
남이 내 기쁨을 빼앗아 가는 줄 알았기 때문입니다.
그러나 이제 보니 나에게 기쁨과 평화가 없는 것은

남 때문이 아니라 내 속에 사랑이 없었기 때문입니다.

내 마음에서 희망이 사라질 때면 나는 늘 남을 보았습니다.
남이 나를 낙심시키는 줄 알았기 때문입니다.
그러나 이제 보니 내가 낙심하고 좌절하는 것은
남 때문이 아니라 내 속에 사랑이 없었기 때문입니다.

나에게 일어나는 모든 부정적인 일들이 남 때문이 아니라
내 마음에 사랑이 없었기 때문이라는 것을 알게 된 오늘 나
는 내 마음 밭에 사랑이라는 이름의 씨앗 하나를
떨어뜨려 봅니다.

이것 하나만으로도

나에게는 어머니가 있습니다.
'어머니!' 하고 부르면 따뜻하게 대답해 주는 어머니가
지금 내 곁에 계시기에
이것 하나만으로도 나는 행복한 사람입니다.

나에게는 아버지가 있습니다.
'아버지!' 하고 부르면 정답게 대답해 주는 아버지가
지금 내 곁에 계시기에
이것 하나만으로도 나는 행복한 사람입니다.

나에게는 선생님이 있습니다.
'선생님!' 하고 부르면 반갑게 대답해 주는 선생님이
지금 내 곁에 계시기에
이것 하나만으로도 나는 행복한 사람입니다.

나에게는 어머니가 있습니다.
'어머니' 하고 마음속으로 불러 보면 하늘나라에서도
따뜻하게 대답해 주는 어머니가 계시기에
이것 하나만으로도 나는 행복한 사람입니다.

나에게는 아버지가 있습니다.
'아버지' 하고 마음속으로 불러 보면 하늘나라에서도
정답게 대답해 주는 아버지가 계시기에

이것 하나만으로도 나는 행복한 사람입니다.

나에게는 감사가 있습니다.
나를 낳아 주고, 길러 주고, 가르쳐 주신 고마운 분들의 은혜를 잊지 않고 그 분들께 진심으로 감사하는 마음이 내 안에 있기에, 이것 하나만으로도 나는 행복한 사람입니다.

아이들은 삶 속에서 배운다

만일 아이가 비판 속에서 자라면
그 아이는 비난하는 것을 배운다.

만일 아이가 적대감 속에서 자라면
그 아이는 싸우는 것을 배운다.

만일 아이가 두려움 속에서 자라면
그 아이는 걱정부터 배운다.

만일 아이가 동정을 받고 자라면
그 아이는 자신에 대해 슬퍼하는 것을 배운다.

만일 아이가 기이한 행동을 하는 부모 속에서 자라면
그 아이는 부끄러움을 배운다.

만일 아이가 질투 속에서 자라면
그 아이는 시기심을 배운다.

만일 아이가 수치심 속에서 자라면
그 아이는 죄책감부터 배운다.

그러나 만일 아이가 참을성 있는 부모 밑에서 자라면
그 아이는 인내심을 배운다.

만일 아이가 격려 속에서 자라면
그 아이는 자신감을 배운다.

만일 아이가 칭찬 속에서 자라면
그 아이는 감사하는 법을 배운다.

만일 아이가 무엇이든지 허용된 분위기 속에서 자라면
그 아이는 세상을 사랑하는 법을 배운다.

만일 아이가 자신이 받아들여지는 환경속에서 자라면
그 아이는 스스로를 좋아하는 법을 배운다.

만일 아이가 인정을 받으며 자라면
그 아이는 분명한 삶의 목표를 배운다.

만일 아이가 나누는 걸 보고 자라면
그 아이는 자비로운 마음을 배운다.

또 만일 아이가 정직함과 공정함 속에서 자라면
그 아이는 진리와 정의가 무엇인가를 배운다.

만일 아이가 다정한 분위기 속에서 자라면
그 아이는 세상이 살아갈 만한 멋진 곳임을 배운다.

그리고 만일 아이가 평화로움 속에서 자라면
그 아이는 마음의 평화를 배울 것이다.

당신의 아이들은 지금 어떤 환경 속에서 자라고 있는가?

-도로시 L. 놀테-

 ## 어른은

만약 뭇사람이 이성을 잃고 너를 탓할 때
냉정을 유지할 수 있다면
만약 모두가 너를 믿지 않을 때
자신을 믿고 그들의 의심을 감싸안을 수 있다면

만약 기다리면서 기다림에 지치지 않는다면
속임을 당하고도 속임으로 답하지 않는다면
미움을 받고도 미워하지 않는다면
그리고 너무 선량한 체, 너무 현명한 체하지 않는다면

만약 여러 사람과 얘기를 하면서도 덕성을 잃지 않는다면
왕들과 같이 거닐면서도 오만하지 않을 수 있다면
만약 모두를 중히 여기되 그 누구도 지나치게 중히 여기지
않는다면
만약 용서할 수 없는 1분을 60초동안의 달리기로
채울 수 있다면

그러면 이 세상과 그 안의 모든 것이 네 것이 되리라.
그리고 그때 너는 비로소 어른이 되리라.

들어주세요

당신에게 무언가를 고백할 때, 그리고 곧바로 당신에게 충고를 하기 시작할 때, 그것은 내가 원하는 것이 아니었습니다.

당신에게 무언가를 고백할 때, 내가 그렇게 생각하면 안 되는 이유를 당신이 말하기 시작할 때, 그 순간 당신은 내 감정을 무시한 것입니다.

당신에게 무언가를 고백할 때, 내 문제를 해결하기 위해 당신이 진정으로 무언가를 해야겠다고 느낀다면
이상하겠지만, 그런 것은 아무런 도움도 되지 못합니다.

기도가 사람들에게 도움을 주는 것은
아마 그런 이유 때문이겠죠.

왜냐하면
하나님은 언제나 침묵하시고
어떤 충고도 하지 않으시며
일을 직접 해결해 주려고도 하지 않으시니까요.

하나님은 다만 우리의 기도를
말없이 듣고 계실 뿐, 우리 스스로 해결하기를
믿으실 뿐이죠.

그러니 부탁입니다.
침묵속에서 내 말을 귀기울여 들어 주세요.

만일 말하고 싶다면, 당신의 차례가 올 때까지
기다려 주세요.
그러면 내가 당신의 말을
귀기울여 들을 것을 약속합니다.

-작가 미상, 앤쏘니 드 멜로 제공-

친구란

친구는 네가 하는 모든 일에
영향을 주는 사람

친구는 네가 생각하는 모든 것에
영향을 주는 사람

친구는 즐거울 때
찾아오는 사람

친구는 괴로울 때
찾아오는 사람

친구는 네가 무엇을 하든
그것을 이해하는 사람

친구는 너에 대한 진실을
너에게 말해주는 사람

친구는 네가 경험하는 것을
항상 알고 있는 사람

친구는 너에 관한 뜬소문을
듣지 않는 사람

친구는 항상 너를 격려해주는 사람
친구는 너와 경쟁하지 않는 사람

친구는 너의 일이 잘돼 갈 때
진심으로 행복해 하는 사람

친구는 너의 일이 뜻대로 안될 때
위로해주는 사람

친구는 그가 없이는
자기 자신이 완전할 수 없는
또 다른 너 자신

-수잔 폴리스 슈츠-

특별한 것이 아니라면

우리가 사랑을 이루지 못함은 우리가 바라는 사랑이 특별하기 때문일 것입니다.
우리가 잔잔한 사랑을 바란다면 우리의 사랑은 곧 이루어질 것입니다.

우리가 사람을 신뢰하지 못함은 우리가 바라는 신뢰가 특별하기 때문일 것입니다. 우리가 평범한 믿음을 찾는다면 우리의 믿음은 곧 이루어질 것입니다.

우리가 꿈을 이루지 못함은 우리가 품고 있는 꿈이 특별하기 때문일 것입니다.
우리가 소박한 소망을 품고 노력한다면 우리의 꿈은 꼭 이루어질 것입니다.

우리가 만족하지 못함은 우리가 생각하는 만족이 특별하기 때문일 것입니다.
우리가 가까이에 있는 것으로 만족을 찾는다면 우리는 곧 감사하게 될 것입니다.

우리가 지혜를 얻지 못함은 우리가 생각하는 지혜가 특별하기 때문일 것입니다.
우리가 일상 생활 속에 있는 지혜를 찾는다면 우리의 지혜는

빛나게 될 것입니다.

우리가 용감하지 못함은 우리가 생각하는 용기가 특별하기 때문일 것 입니다.
우리가 작은 것이라도 정의를 귀하게 생각한다면 우리의 용기는 곧 나타날 것입니다.

우리가 기쁨을 얻지 못함은 우리가 구하는 기쁨이 특별하기 때문일 것입니다.
자연과 생명과 삶 속에서 피어나는 본래의 기쁨을 구한다면 우리의 기쁨은 곧 충만하게 될 것입니다.

우리는 누군가에게

누군가가 우리에게
고개를 한번 끄덕여주는 것만으로도
우리는 미소를 지을 수 있고
또 언젠가 실패했던 일에
다시 도전해 볼 수도 있는 용기를 얻게 되듯이
소중한 누군가가
우리 마음 한 구석에 자리잡고 있을 때
우리는 그 어느 때보다
밝게 빛나며
활기를 띠고
자신의 일을 쉽게 성취해 나갈 수 있습니다.

우리는 누구나 소중한 사람을 필요로 합니다.
또한 우리들 스스로도
우리가 같은 길을 가고 있는 소중한 사람이라는 걸
잊어서는 안 되겠지요
우리는 누군가에게
소중한 사람이라는 걸 알고 있을 때
우리는 어떤 일에서도 두려움을 극복해 낼 수 있듯이
어느 날 갑작스럽게 찾아든 외로움은
우리가 누군가의 사랑을 느낄 때 사라지게 됩니다.

-카렌 케이시-

아름다운 사람을

아름다운 사람을 만나고 싶다.
항상 푸른 잎새로 살아가는 사람을 오늘 만나고 싶다.
언제 보아도 언제나 바람으로 스쳐 만나도 마음이 따뜻한
사람 밤하늘의 별같은 사람을 만나고 싶다.

온갖 유혹과 폭력 앞에서도 흔들림 없이
언제나 제 갈길을 묵묵히 걸어가는
의연한 사람을 만나고 싶다.
언제나 마음을 하늘로 열고 사는
아름다운 사람을 만나고 싶다.

오늘 거친 삶의 벌판에서 언제나 청순한 사람으로 사는
사슴같은 사람을 만나고 싶다.
모든 삶의 굴레속에서도 비굴하지 않고
언제나 화해와 평화스러운 얼굴로 살아가는
그런 세상의 사람을 만나고 싶다.

마음이 아름다운 사람의 마음에 들어가서
나도 그런 아름다운 마음으로 살고 싶다.

아침 햇살에 투명한 이슬로 반짝이는 사람
바라보면 바라볼수록 온화한 미소로
마음이 편안한 사람을 만나고 싶다.

결코 화려하지도 투박하지도 않으면서 소박한
삶의 모습으로 오늘 제 삶의 갈길을 묵묵히 가는
그런 사람의 아름다운 마음하나 고이 간직하고 싶다.

거기 그대와 나

산을 바라보는 사람은
아름답습니다.
바다를 바라보는 사람은
아름답습니다.

지그시 따뜻한 눈으로
사람을 바라보는 사람은
더욱 아름답습니다.

거기 그대와 나

-1999년 5월 교보생명 현판 내용-

눈물의 골짜기

밤바람이 들창을 스며 들이치는
지붕 밑 침대에
불쌍한 두 생명이 누워 있네
창백하고 초라한 몰골로 멀건히 눈을 뜬채

불쌍한 한 사람이 말한다
너의 팔로 날 안아 주렴
입도 맞춰 주렴
네 체온으로 나를 녹여 다오

그러나 불쌍한 다른 한 여인이 말한다
당신의 눈동자를 바라보면
나의 불행도, 배고픔도, 추위도
이 세상의 모든 괴로움 까지도 사라져요

그들은 몇번이고 입을 맞추고 또 울었다
눈물이 가시지 않은 얼굴로 손을 맞잡고
웃으며 노래하고 그리고 드디어 잠잠해졌다

다음 날 아침 검찰관이
권위 있는 의사를 데리고 왔다
이 외과의는 이 두개의 시체가
이미 임종했음을 확인하였다

『이렇게 지독한 추위와 공복이 두 사람을 죽인 것입니다
적어도 그것이 죽음을 재촉한 원인이지요』
그리고 그는 덧붙여 말하였다
『추위가 심해지면 담요로 예방을 하는 것이 가장 중요합니다
영양을 섭취하는 것도 동시에 필요하고요』

-하인리히 하이네-

함께 있되 거리를 두라

함께 있되 거리를 두라.
그래서 하늘 바람이 너희 사이에서 춤추게 하라.
서로 사랑하라.
그러나 사랑으로 구속하지는 말라.
그보다 너희 혼과 혼의 두 언덕 사이에 출렁이는
바다를 놓아두라.
서로의 잔을 채워 주되 한쪽의 잔만을 마시지 말라.
서로의 빵을 주되 한쪽의 빵만을 먹지 말라.
함께 노래하고 춤추며 즐거워하되 서로는 혼자 있게 하라.
마치 현악기의 줄들이 하나의 음악을 울릴지라도
줄은 서로 혼자 이듯이.
서로 가슴을 주라.
그러나 서로의 가슴속에 묶어 두지는 말라.
오직 큰 생명의 손길만이 너희의 가슴을 간직할 수 있다.
함께 서 있으라.
그러나 너무 가까이 서 있지는 말라.
사원의 기둥들도 서로 떨어져 있고
참나무와 삼나무는 서로의 그늘 속에선 자랄 수 없다.

-칼릴 지브란-

행복의 길이

하루의 행복을 위해서는 이발을 하고

일주일의 행복을 위해서는 결혼을 하고

일개월의 행복을 위해서는 말을 사서 타고

일년간의 행복을 위해서는 집을 새로 짓고

일평생의 행복을 위해서는 정직한 사람이 되라.

세 번째 이야기

희망을 노래하자

희망을 가졌다
작은 존재임에도 불구하고 나 이제 모든 것을 이룰 수 있다
세상은 모두 나의 것이다

희망은 성공을 부르는 신앙이며 희망없이는 절대로 살 수 없다.
지금까지 나의 모든 첫 시작은 희망이었고 믿음과 용기 또한 희망에서 비롯되었다.
가진 것과 아는 것이 미천한 나 였지만 두려움이 없었던 것은 희망 때문이었다.
아무리 어려운 일이 있어도 희망의 노래를 부르며 열린 마음으로 열린 길을 따라 간다.
매는 굶어도 벼이삭은 쪼지 않으며 독수리는 굶어도 절대 파리는 잡지 않는다.

희망의 문은 도전과 인내로 열린다고 한다.
언제나 새로움에 대한 희망찬 도전은 참 멋지다.
신념과 확신에 찬 모습으로 도전하는 모습은 언제나 아름답다.
그 숨소리도 그 발걸음도 그 뒷모습도 그 미소도 모든 것이 아름답다.
교보생명 신용호 창립자님께서 항상 강조하신 『맨 손가락으로 생나무를 뚫는 정신』
그 의지와 집념 이야말로 희망의 문을 여는 도전하는 사람의 참모습이 아닌가 한다.

강을 건너고 나면 타고온 뗏목을 끌고 갈 것이 아니라 희망을 메고 떠나야 한다.
어려움과 역경이 있어도 희망의 노래를 부르며 웃을 때 세상도 함께 웃을 것이다.
끝없이 넓은 바다를 만나면 내 희망도 바다처럼 끝없이 넓어져서 좋다.
끝을 모를 긴 강물을 만나면 내 희망도 강물처럼 끝없이 길어져서 좋다.

가리지 마라

너의 눈감음으로
세상의 모든 새벽을 가리지 마라

너의 둔감함으로
세상의 모든 새싹을 가리지 마라

너의 눈부심으로
세상의 모든 슬픔을 가리지 마라

너의 체념으로
세상의 모든 도전을 가리지 마라

너의 절망으로
세상의 모든 희망을 가리지 마라

-박노해-

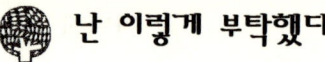 ## 난 이렇게 부탁했다

나는 신에게 나를 강하게 만들어 달라고 부탁했다.
내가 원하는 모든 걸 이룰 수 있도록
하지만 신은 나를 약하게 만들었다.
겸손해지는 법을 배우도록

나는 신에게 건강을 부탁했다.
더 큰 일을 할 수 있도록
하지만 신은 내게 허약함을 주었다.
더 의미있는 일을 하도록

나는 부자가 되게 해 달라고 부탁했다.
행복할 수 있도록
하지만 난 가난을 선물 받았다.
지혜로운 사람이 되도록

나는 재능을 달라고 부탁했다.
그래서 사람들의 찬사를 받을 수 있도록
하지만 난 열등감을 선물 받았다.
신의 필요성을 느끼도록

나는 신에게 모든 것을 부탁했다.
삶을 누릴 수 있도록
하지만 신은 내게 삶을 선물했다.
모든 것을 누릴 수 있도록

나는 내가 부탁한 것을 하나도 받지 못했지만
내게 필요한 모든 걸 선물받았다.
나는 작은 존재임에도 불구하고
신은 내 무언의 기도를 다 들어주셨다.

모든 사람들 중에서
나는 가장 축복받은 자이다.

- 『미국 뉴욕의 신체장애자 회관에 적힌 시』 -

희망

"비행기 한 대가 사막 한가운데 추락했다.
사람들은 그 소식을 듣고, 생존자가 있으면 데려오도록 구조대를 보냈다.
구조대가 그 비행기를 찾아낸 건 이미 수주가 지난 후였다.
노부인 한 사람만이 살아 있었다.
그녀는 즉시 비행기로 병원에 후송되어 정밀 진단을 받았다. 그 부인이 많이 회복되어 인터뷰를 하게 되자, 사람들과 기자들로 병원이 가득 찼다.
모두들 훨씬 젊은 사람들도 살아남지 못한 그 시련 속에서, 그녀가 어떻게 살아남을 수 있었는지 알고 싶어했다.
여사께선 수일 동안 먹을 것도, 마실 것도, 말 벗도 없었는데도 살아 남으셨습니다.
어떻게 살아 남으셨습니까?"
"음식과 물, 말 벗은 잃었는지 모릅니다만 나는 생존하는데 가장 필수적인 요소는 잃지 않고 있었습니다." "그것이 무엇입니까?"
"희망입니다."

-앤드류 마리아-

핫도그

길가에서 핫도그를 팔며 살아가는 한 사람이 있었습니다. 그는 귀가 들리지 않아 라디오도 들을 수 없었고 시력이 나빠서 신문도 읽지 못했습니다. 그러나 맛있는 핫도그를 팔고 있었는데, 그는 "맛있는 핫도그 사세요."를 열심히 외쳤습니다. 사람들이 그의 핫도그를 많이 사갔습니다. 그래서 그는 고기와 빵을 더 많이 주문하고, 더 큰 화덕을 사서 핫도그를 만들어야 했습니다.

그 후 일이 더욱 많아져 대학에 다니는 아들에게 핫도그 장사일을 거들게 했습니다. 그러나 아들과 장사일을 하면서 핫도그 가게에는 큰 변화가 일어났습니다. 그의 아들이 핫도그 장사일에 대해 부정적으로 말하기 시작하였던 것입니다. "아버지, 지금 세상은 심한 불경기를 겪고 있어요. 세계적으로도 불경기이고 국내의 경기는 더욱 나빠요. 핫도그도 이제는 안팔릴 거예요." 아들의 말을 듣고 그는 생각하였습니다. "그렇지, 내아들은 대학도 다니고, 라이오도 듣고, 신문도 보았으니 모든 것을 잘 알겠지." 그래서 핫도그도 조금만 만들고, 간판도 내렸습니다. 소리내어 외치지도 않았습니다. 핫도그의 판매량은 날이 갈수록 줄어갔습니다. 아버지는 드디어 말하였습니다. "아들아, 네 말이 옳다. 지금은 불경기야." 결국 그 핫도그 가게는 문을 닫고 말았습니다.

-교보생명 모 부사장 교육 내용 중에서-

꼬치고기

꼬치고기는 일본인들이 마른반찬으로 즐겨 먹는 맛이 아주 좋고 힘도 매우 센 물고기인데, 이 꼬치고기에 관한 재미있는 실험결과가 있다.
먼저 큰 물통의 오른쪽에 굶주린 상태의 꼬치고기를 넣어둔다. 다음에는 꼬치고기들이 좋아하는 먹이인 작은 물고기들을 물통의 왼쪽에 넣어둔다. 그러면 꼬치고기는 어떻게 행동할까?

꼬치고기는 거칠고 힘이 센 물고기이니 저쪽에 맛있게 생긴 작은 물고기들이 헤엄쳐 다니는 것을 보고만 있을 까닭이 없다. 다짜고짜로 덤벼들어 한입에 삼키려 할 것이다.
그런데 이 물통 가운데는 유리판으로 미리 칸막이를 해 두었기 때문에 저 쪽의 작은 물고기들을 잡아 먹겠다고 힘차게 돌진하던 꼬치고기는 유리 칸막이에 쾅! 부딪치고 만다. 이런 행동은 몇번이나 되풀이 된다. 애처롭게도 꼬치고기는 주둥이에 온통 상처를 입고 피투성이가 되지만 본능적 욕구에 따라 유리판에 부딪치는 행동을 줄기차게 거듭한다. 이런 행동을 일정기간 반복한 끝에 꼬치고기는 마침내 '아무리 노력을 해 보아도 저 쪽으로는 갈 수 없다. 딱딱한 유리에 부딪쳐 피투성이가 될 뿐이니 저 쪽 먹이는 그림의 떡이다!'라고 판단하게 된다.

한편 왼쪽의 작은 물고기는 처음에는 저 쪽에 무서운 꼬치고기가 있으니 겁을 먹고 구석에 옹기종기 모여 벌벌 떨고 있지만 시간이 지나도 별 탈이 없는 것을 알고 이제는 안전하다는 생각을 갖는다. 즉, 이제는 꼬치고기가 결코 무서운 존재가 아니라는 것을 알고 이곳 저곳으로 자유롭게 헤엄쳐 다니는 상태가 된다.
한편, 꼬치고기도 한쪽 구석에 가만히 가라앉아 있기만 한다. 이제는 먹이를 공격하는 일을 단념해 버린 것이다.

이런 상태가 된 다음에 물통 가운데 유리판을 살짝 빼보면 꼬치고기는 어떻게 행동할까?
맛있는 작은 물고기가 겁도 없이 자유롭게 자기 쪽으로 헤엄쳐 오는 데도 불구 하고 꼬치고기는 여전히 단념한 채 원래 있던 곳에 가만히 머물러 있기만 한다.
이 같은 실험을 통하여 배울 수 있는 것은 "인간이나 동물이나 체험으로 굳어진 습성은 좀처럼 바꾸기 어려우며 이를 바꾸어 나가는 데는 엄청난 노력과 시간, 용의주도한 준비 그리고 반드시 해내고야 말겠다는 각오가 따라야 한다."는 것을 깨우쳐 준다.

-LG 회장 구자경-

이 세상엔 절대로 공짜가 없다

옛날 어느 나라 왕이 국민들을 잘 살게 하는 문제로 고민을 하고 있었다.
어떻게 하면 모든 국민들이 성공적이고 행복한 삶을 누리게 할 수 있을까? 혼자서 명쾌한 해답을 얻지 못한 왕은 신하 중에 똑똑한 몇 사람을 불러 이 문제를 집중적으로 연구하도록 명령을 내렸다.

명령을 받은 신하들은 물러나와 왕명에 따라 성공비결을 연구하기 시작한다. 많은 시간이 흐른 다음 신하들은 국민들이 잘 살 수 있다고 생각되는 모든 성공 비결들을 총망라하여 12권의 책을 만들어 왕에게 바쳤다.
왕은 이를 받아 읽어보니 어느 하나 비결이 아닌 것이 없을 정도로 참으로 훌륭한 책이었다. 그러나 신하들이 오래도록 엄청난 노력을 기울여 만든 좋은 책이긴 하지만 왕에겐 마음에 들지 않았다.

이 방대한 책을 국민 한사람 한사람에게 나누어 주려면 책을 수천만질이나 인쇄를 해야할 텐데 이것도 불가능한 일이려니와 설령 만들어서 백성들에게 나누어 주었다 하더라도 무지한 국민이 읽고 이해할 수도 없는 일이니 좋은 책이라고만 할 수가 없어서 다시 명령을 내렸다.

"이 책을 보다 간단히 줄여 오라."

왕명을 받은 신하들은 머리를 맞대고 12권을 책을 보다 간단히 줄이기 시작했다. 드디어 6권의 책으로 만들어 "이만하면 되겠지" 하고 왕에게 바쳤다.

왕이 받아보고 이것 또한 너무 분량이 많다고 다시 줄여보라 했다. 신하들이 다시 요약하여 한권으로 만들었다. 왕은 그래도 길어서 안되겠다 한다. 한절(節)로 만들었다. 그래도 길다하여 다시 한 페이지로 만들었다. 역시 길어서 안된단다. 한 페이지만 인쇄도 할 수 없고 백성들이 외우게 하기엔 너무나 긴 문장이다.

또 줄이란다. 줄이다 줄이다 끝내는 짤막한 한줄의 문장으로 만들어 왕에게 드렸더니 이를 본 왕이 그때서야 크게 기뻐하며 하는 말이 "바로 이거다. 백성들이 이것만 알고 이대로만 해준다면 틀림없이 잘 살 수 있을 게다. 참으로 엄청난 성공의 비결이다." 하더라는 데 그 한줄의 성공 비결이 다름 아닌 '이 세상엔 공짜가 없다'(No free lunch)라는 말이다.

-장자-

빈대의 노력

옛날에는 시골 도시 할 것 없이 빈대가 많았다.
인천 부두에서 막노동 할 때 그곳의 노동자 합숙소는 그야말로 빈대 지옥이었다. 떼메고 가도 모를 만큼 고단한 지경에도 잠을 잘 수 없게 빈대가 극성이었다.

하루는 다 같이 꾀를 써서 밥상 위에 올라가 자기 시작했는데 잠시 잠깐 뜸한가 싶더니 이내 밥상 다리로 기어 올라가 물어 뜯었다.

다시 머리를 써서 밥상다리 네 개를 물 담은 양재기 넷에 하나씩 담가놓고 잤다. 빈대가 밥상 다리를 타려하다가 양재기 물에 익사하게 하자는 묘안 이었다. 쾌재를 부르면서 편안히 잔 것이 하루나 이틀쯤 이었을까. 다시 물어 뜯기 시작했다.

불을 켜고 도대체 빈대들이 무슨 방법으로 양재기 물을 피해 올라왔나 살펴 보았더니 기가 막힌 일이었다. 빈대들은 네 벽을 타고 천정으로 올라간 다음 사람을 목표로 뚝 떨어져 목적달성을 하고 있는 것이 아닌가.

그렇다. 빈대도 물이 담긴 양재기라는 장애를 뛰어넘으려 그토록 전심 전력으로 연구하고 필사적으로 노력해서 제 뜻을 이루는 데 나는 사람이 아닌가.

장애란 뛰어 넘으라고 있는 것이지 걸려 엎어지라고 있는 것이 아니다.
나는 지금도 어려운 일에 부딪치면 빈대의 노력을 상기한다. 대단치도 않은 난관에 실망, 위축되어 체념하려는 사람을 보면 나도 모르게 '빈대만도 못한 사람' 이라고 생각한다

-정주영-

땅벌

기체역학론적인 측면과 항공기 모형제작 실험에
의하면 땅벌(Dumble)은 절대 날아 갈 수가 없다.

그 이유는 몸의 크기에 비해 날개의 크기가 너무
작아서, 땅벌이 날아 가는 것을 불가능하게 하기
때문이다.

그러나 땅벌은 이러한 과학적 사실과는 전혀 무관한
듯이 앞으로 전진해서 어디로든지 날아가며,
또 매일 매일 조금씩 꿀을 모은다.

-미국 G.M (General Motors)사의 공장에 있는 표지판에서-

졸업식 축사

영국의 뛰어난 정치가이자 웅변가인 윈스턴 처칠은 2차 세계대전 중에 위대한 국가 지도자로 활약했을 뿐만 아니라 많은 강연과 훌륭한 저술을 써서 노벨 문학상을 수상하기도 했다.

그는 명문 옥스포드 대학에서 졸업식 축사를 하게 되었다. 그는 위엄 있는 차림으로 담배를 입에 물고 식장에 나타났다. 처칠은 열광적인 환영을 받으며 천천히 모자와 담배를 연단에 내려 놓았다.
그리고 나서 청중들을 바라 보았다.
모두들 숨을 죽이고 그의 입에서 나올 근사한 축사를 기대했다. 드디어 그가 입을 열었다.

"포기하지 마라!" 그는 힘있는 목소리로 첫마디를 뗐다. 그러고는 다시 청중들을 천천히 둘러 보았다.
청중들은 그 다음 말을 기다렸다.
"절대로 포기하지 마라!" 처칠은 다시 한번 큰 소리로 이렇게 외쳤다. 더 이상 아무 말도 하지않고 다시 모자를 쓰고는 연단을 걸어 내려왔다. 그것이 졸업식 축사의 전부였다.

써커스단의 코끼리

코끼리는 1톤이나 되는 짐을 코로 쉽게 들어올릴 수가 있다. 그런데 서커스를 보러 가면 이 무시무시한 힘을 지닌 코끼리가 아주 작은 나무 말뚝에 묶여 얌전히 서있는 것을 볼 수 있다.

이 코끼리는 어린 시절부터 아주 든든한 쇠말뚝에 묶여지낸다. 아무리 기운을 써서 이 쇠말뚝을 뽑으려 해도
어리기 때문에 뽑을 수가 없다. 이렇게 지내다가 몸이 커지고 힘이 세져도 나무 말뚝에 묶여 있는 한 움직일 수가 없다고 생각한다.

우리들도 이 코끼리와 마찬가지다.
자기가 스스로 설정한 자신의 한계를 벗어나려고 하지 않는 것이다.
이러한 말뚝을 우리는 제거해야 한다.
이 작업이 없이는 성공할 수 없다.

-김영국-

포옹

남아프리카의 고아원에서 많은 어린이들이
원인 모를 병으로 죽어가고 있었습니다.
유엔에서 급파된 의사들이 원인분석에 들어가
다음과 같은 처방을 내렸습니다.

"깨어 있을 때 10 분간
안아 주고 뽀뽀해 주고
귀여워해 줄 것"

처방대로 아이들을 대하자 아이들은 원기를 회복했고
정상적으로 성장할 수 있었다고 합니다.

사랑보다 더 좋은 약은 없습니다.

-모병원 소식 창간호에서-

 ## 설득

"1갈론의 쓴 약보다 한 방울의 벌 꿀을 사용하는 것이 많은 파리를 잡을 수 있다"는 옛날 속담은 어느 시대에도 적용되는 말이다.

인간에 대해서도 마찬가지로 적용된다고 할 수 있다. 만약 상대방을 자신의 의견에 찬성하도록 만들고 싶다면 우선 당신이 그의 편이라는 것을 깨닫게 만들어야 한다.

이것이 바로 타인의 마음을 사로잡을 수 있는 한 방울의 벌 꿀이며 상대의 이성에 호소하는 최상의 방법이다.

-D.카네기-
『링컨의 말』을 인용

동정심

인간은 누구나 동정심을 갈망하고 있다.
어린이는 상처입은 자리를 보이고 싶어한다.
때로는 동정을 받기 위해서 일부러 상처를 내는 일조차 있다.

어른도 마찬가지다.
상처 입은 곳을 보여주고 재난이나 질병 이야기를 한다.
특히 수술을 받았을 때의 상황 같은 이야기를 자세히
해주고 싶어한다.

불행한 경험에 대해서 자기 연민을 느끼고 싶은 기분은 정도의 차이만 있을 뿐이지 누구에게나 있는 것이다.

-D.카네기-
『아더 게이츠 박사의 교육심리학에서의 글』을 인용

프랑스 혁명사

J.S밀은 토마스 카알라일의 친구였다.
카알라일은 I.Q 195인 밀에게 <프랑스 혁명사>의 초고를 보여주었고 밀은 탄복하면서 그것을 읽었다. 정신없이 읽다가 강의시간이 지난 것을 안 밀은 서재에 원고를 정리하지도 못한 채 부랴부랴 학교로 갔다.

강의를 마치고 돌아온 밀은 놀라지 않을 수 없었다. 하녀가 서재에 흩어진 원고를 모두 태워버린 것이 아닌가? 밀은 카알라일을 찾아가 사죄를 했지만 소용이 없었다. 사죄만 가지고 해결될 일이 아니었다.

그런 일이 있은 후 카알라일은 모든 의욕을 상실하고 말았다. 죽음도 두렵지 않은 회의에 빠지고 만 것이다. 그러던 어느 날, 길을 지나던 카알라일은 벽돌공이 땅바닥에 줄을 놓고 하나 하나 벽돌 쌓는 것을 보고는 무심코 질문을 던졌다.
"뭘 하십니까?"
"빌딩을 짓고 있습니다."
"몇 층 짜리 입니까?"
"몇 층 짜리 입니다."
"얼마나 걸리나요?"
"수년이 걸리겠죠."
"몇 장의 벽돌이 들어가나요?"
"수십 만장이 들어갈 겁니다."

바로 그것이었다. 카알라일은 벽돌 수십 만장이 들어가는 그 큰 빌딩을 짓기 위해서 바닥에서부터 벽돌을 한장 한장 차곡차곡 쌓아가는 인내와 끈기를 벽돌공으로부터 배운 것이다.

"그래 나도 할 수 있다. 한 번 쓴 내가 두 번 다시 쓰지 못할 이유가 어디 있는가? 다시 펜을 잡자!" 그렇게 쓰여진 것이 바로 현존하는 <프랑스 혁명사>이다.

청어잡이

북쪽바다에서 청어잡이를 하는 어부들의 가장 큰 관심사는, 어떻게 하면 북해로부터 먼 거리에 있는 런던까지 청어를 싱싱하게 살려서 가지고 가는가 하는 것이었다.
모든 어부들이 아무리 잘 해도 배가 런던에 도착해 보면 청어들은 거의 죽어있는데, 꼭 한 어부만은 싱싱하게 청어를 산 채로 런던에 가지고 와서 큰 수입을 얻는 것이었다.

동료 어부들이 이상해서 물었으나 그는 비밀이라며 가르쳐 주지 않다가 압력에 못 이겨 다음과 같이 말했다.
"나는 청어를 잡아서 넣은 통에다 메기를 한 마리씩 넣습니다." 그러자 모든 어부들의 눈이 둥그래지면서
"그러면 메기가 청어를 잡아 먹지 않소?" 라고 묻는 것이었다. 그는 다음과 같이 말했다.

"네, 메기가 청어를 잡아 먹습니다. 그러나 메기는 청어를 두세 마리 밖에 못 잡아 먹지요. 그러나 그 통에 있는 수백 마리의 청어들은 잡혀 먹히지 않으려고 계속 도망쳐 다니지요. 런던에 올 때까지 모든 청이들은 마치 올쟁이들처럼 헤엄치고 도망 다니고 있습니다.
그래서 청어는 여전히 살아서 싱싱합니다. 다 살아 있거든요."

-토인비가 즐겨 하던 이야기-

도마뱀의 우정

일본 도쿄에서 올림픽이 열리게 되어 스타디움 확장을 위해 지은지 3년이 되는 집을 헐게 되었다.

인부들은 지붕을 벗기려다가 꼬리 쪽에 못이 박힌 채 벽에서 움직이지 못하고 있는 도마뱀 한 마리를 발견하게 되었다. 집주인을 불러 그 못을 언제 박았느냐고 물어보았더니 집을 짓던 3년 전에 박은 것이 분명하다는 대답을 들었다. 3년 동안이나 꼬리에 못이 박힌 채 죽지 않고 살아 있었다는 사실은 정말 놀라운 일이라고 모두들 혀를 내둘렀다.

사람들은 이 신기한 사실의 까닭을 알기 위해서 공사를 잠시 중단하고 도마뱀을 지켜보기로 하였다. 그랬더니 다른 도마뱀 한 마리가 먹이를 물어다 주는 것이었다. 그 도마뱀은 하루에도 몇번씩이나 못에 박힌 친구를 위해 먹이를 가져다 주기를 3년이라는 긴 세월 동안 계속하고 있었던 것이다.

 ## 나를 바꿔보자

모간이라는 주부의 이야기를 예로 들어보자. 그녀는 남편의 태도가 마음에 들지 않아 남편을 바꾸자라는 목표를 정하고는, 남편이 자기 마음에 들도록 무척 애를 썼다. 그렇게 약 2년이 지났지만 남편의 성격은 전혀 변하지 않았다. 오히려 자신의 성격만 자꾸 나빠져갈 뿐이었다. 그래서 아내는 자신의 성격을 바꾸기로 마음먹었다.

나를 바꿔보자! (Change me!), 자신이 적극적으로 아침에 남편이 출근할 때 모닝키스도 해주고, 점심 때는 아무 일 없느냐며 직장으로 전화도 걸어주고, 술 취해 늦게 들어오면 예전과는 다르게 더 잘 해주었더니, 남편이 눈에 띄게 달라지기 시작하는 것이 아닌가? 남편은 점점 아내의 의도대로 변하기 시작했던 것이다. 이러한 일화를 모아서 만들어 낸 책이 그 유명한 모간 부인의 Total Woman이라는 책이다. 그 책은 우리나라에서도 「사랑받는 아내」라고 번역되어 출간되었고, 모간이라는 무명의 주부 작가는 일약 세계적 명사가 되어 타임지 표지인물까지 되었다.

"당신 먼저(You First, Me Second)"
이것이 바로 인간관계의 기본법칙이다.
성공하고 못하고는 바로 자신에게 달려있는 것이다.

-권오근-
『이래야 당신도 산다』 중에서-

좀더 낮추는 삶을

어느 교수가 나룻배를 타고 강을 건너고 있었다.
대학교수는 몹시 심심하던 차에 사공한테 말을 건네기 시작했다. 그는 맨처음으로 입을 떼어 영국의 문호인 셰익스페어를 알고 있느냐고 물어 보았다. 그랬더니 뱃사공은 자기는 무식해서 그런 사람은 전혀 모른다며 대뜸 입을 다물어 버렸다. 그러자 학자는 혀를 차며 인생의 삼분의 일을 헛 살았노라며 앞에 있는 중 늙은이를 가엾게 여겼다.

그리고는 다시 뱃사람에게 컴퓨터에 대해 뭐 좀 아는게 있느냐며 고개를 디밀었다. 대답이 뻔하자 교만에 가득찬 교수는 인생의 삼분의 일을 또 헛 살았노라고 중얼 거리며 노골적으로 깔보는 태도를 드러냈다.

그러다 갑자기 배가 뒤집히는 일이 벌어졌다. 대학의 먹물쟁이가 허우적거리자 사공은 그의 주위를 맴돌며 헤엄 좀 칠 줄 아느냐고 조용히 물었다.

그리고는 사람 살리라고 외쳐대는 교수에게 이렇게 내뱉는 것이다.

"인생을 완전히 헛 살았군"

좀더 자신을 낮추어 사는 사람들은 참으로 행복하게 산다. 그 뿐만 아니라 그들은 둘레에 있는 사람들에게도 끊임없이 잔잔한 기쁨을 안겨다 준다.

그러나 언제나 자신을 높이며 사는 사람들은 본인이 긴장하며 사느라 피곤한 것은 말할 나위도 없고 다른 이의 가슴마저도 줄곧 헤집어 놓아 씁쓸하기 그지없다.

엔돌핀

2차대전 당시 유럽전투에 참가한 미국의 한 군의관은 일반적으로 경상자들의 회복이 빠르고 중상자들의 회복이 더디어야 정상일텐데 야전병원에 후송되어 온 부상병들은 정반대의 현상을 보이는 것에 의문을 품고 연구를 시작했다.

부상병들의 심리상태를 파악한 결과 경상자들은 회복이 빨라봐야 일찍 퇴원하여 다시 전쟁터로 나가야 한다는 불안감에 사로잡혀 있었으며, 중상자들은 회복이 되어도 전력에 보탬이 되지 못하기 때문에 고향으로 돌아가게 되므로 가족을 만날 수 있다는 기대감에 편안한 심리 상태를 보여 주었다.

군의관은 이런 심리상태와 부상의 회복속도 사이의 관계를 계속 연구했다. 그 결과 매사에 소극적이고 부정적이며 강박관념에 시달리는 사람은 체내에서 '아드레날린' 이라는 유해성 호르몬이 과다 생성되고, 반대로 적극적이며 긍정적인 사고를 가지게 되면 '엔돌핀' 이라 하는 유익성 호르몬이 대량 생성된다는 사실을 알게 되었다.

나의 삶

나의 삶 속에서도 때때로 근심과 고통과 슬픔이 심하게 닥쳐왔기 때문에, 아마 정신이 지금처럼 강하지 못했으면 벌써 그 앞에 무릎을 꿇었을 것이다.

오랜 세월 동안 끊임없이 나에게 과해진 피로와 책임의 짐을 감당해 나가는 것은 매우 어려운 일이었다. 그러나 축복 속에 살고 있는 나는 자비를 베푸는 일에 종사할 수 있었고 내 사업은 성공을 거두었다. 또한 나는 많은 사람들로부터 많은 사랑과 친절을 체험했고 나에게는 나의 일을 자기 일처럼 돌보아주는 충실한 조력자들이 있다.
많은 사람들이 운명적으로 압박을 받고 있는 이 부자유한 시대에 나는 한 자유인으로 활동할 수 있으며, 또한 직접 물질적인 일에 종사하면서도 정신적인 영역에서 활동할 수 있다는 사실을 생각할 때 나는 깊은 감동에 잠긴다.

체념해야 할 시기가 오면 태연자약하게 그것을 받아 들이고자 겸손한 마음으로 앞날을 바라본다. 행동인으로나 수난자로서 우리는 우리의 이성보다 더 높은 곳에 존재하는 평화를 위하여 몸을 바치고 있는 사람들의 힘이 진실임을 증명하도록 해야한다.

-알버트 시바이처-
『람바레네에서 1931년 3월 7일』

생의 철학

"인생은 좋건 나쁘건 조건없이 사랑해야 한다"
95세로 숨진 세계적인 음악인 루빈스타인의 말이다.
그는 또 말했다.
"생 그 자체를 종교로 삼아 철저하게 느끼고 생각하고 누린다."

90세의 루빈스타인에게 누가 거장(巨匠)이라고 불렀다.
그는 정색을 하고 그 칭호를 거절했다.
"예술가에게 필요한 것은 끊임없는 정진뿐이다."
정진 또 정진을 되씹는 루빈스타인의 구도자적 정신을 배워야하지 않을까?

신념

무엇인가 되고 싶다면
신념을 가지는 일이 그 첫걸음이다.

자! 신념을 가지자.
반드시 이루겠다는 신념을 가지자.

신념은 나의 사고에 생명을 주고 힘을 준다.
신념은 과학으로도 풀 수 없는 기적을 부른다.
신념은 나를 절망에서 끌어내 주는 마법의 약이다.
신념은 나의 고정관념을 파괴하는 다이너마이트다.

나는 이제 신념을 가졌다.
그러므로 무서운 것은 아무 것도 없다.
우주의 모든 것은 내 편이다.

-나폴레온 힐-

네 번째 이야기

길을 닦으며 가자

길이 된다
생각 하나하나 행동 하나하나 모두 다 길이 된다
그 길 닦으며 우리는 간다

성공한 사람들은 모두가 자기 일을 무척 사랑하는 사람들이다. 자기 일을 사랑하고 그 일을 통해 보람을 찾고 삶을 개척해 간다. 인생은 왕복차표를 팔지 않으며 일단 떠나면 되돌아 올 수 없다는 말이 있다. 인생은 그냥 흘러가는 것이 아니고 성실로써 하나의 작품을 만들어가야 한다.

할 일이 있는 사람은 행복한 사람이다.
자기의 일을 즐기며 자신의 길을 의연하게 걸어가는 사람은 아름답다. 주어진 일만 하는 것이 아니라 일을 만들며 한다.
나의 일만 하는 것이 아니라 남의 일도 내 일처럼 한다.
한가한 사람에게는 절대로 일이 주어지지 않으며 바빠서 죽겠다는 사람에게는 자꾸 일이 새롭게 주어진다.

항상 바쁜 사람은 책임감이 있고 일을 즐겁게 하고 확실한 결과를 가져오기 때문이다.
보험회사의 일은 참 매력적이며 특히 영업관련 업무는 더욱 그렇다. 일을 하지 않으면 할 일이 하나도 없고 일을 하려고 마음 먹으면 한도 끝도 없이 많다.
항상 도전적인 일이고 창조적인 일이고 그 자체가 예술이며 창조활동이다. 종교와 예술과 영업이 공통점이 있다면 그것은 깨달음과 믿음이다.

믿음 하나로 도전하여 무에서 유를 창조하고 생각 하나하나 더듬어 행동을 만든다.
행동 하나하나 길이 되고 그 길을 닦으며 간다.
일이 없으면 일을 만들고 길이 없으면 길을 만들며 간다.

매일 반복되는 일 속에서 새로움을 찾고 초심으로 돌아가 다시 시작한다.
내일은 영원히 돌아오지 않는 미래이며 오늘 하루를 보다 충실하게 살아가야 한다.
항상 감사하는 마음과 작은 것에도 만족하는 마음으로 행복을 추구하며 살아야 한다.

상인 일기

하늘에 해가 없는 날이라 해도
나의 점포는 문이 열려 있어야 한다.
하늘에 별이 없는 날이라 해도
나의 장부엔 매상이 있어야 한다.

메뚜기 이마에 앉아서라도
전(廛)은 펴야 한다.
강물이라도 잡히고
달빛이라도 베어 팔아야 한다.
달이 없으면 별이라도 세고
구구단이라도 외워야 한다.

손톱 끝에 자라나는 황금의 톱날을
무료히 썰어내고 앉았다면
옷을 벗어야 한다.
옷을 벗고 힘이라도 팔아야 한다.
힘을 팔지 못하면 혼이라도 팔아야 한다.

상인은 오직 팔아야만 하는 사람
팔아서 세상을 유익하게 해야 하는 사람
그러지 못하면 가게 문에다
묘지라고 써 붙여야 한다.

-김연대-

길 잃은 날의 지혜

큰 것을 잃어버렸을 때는
작은 진실부터 살려 가십시오.

큰 강물이 말라갈 때는
작은 물길부터 살펴 주십시오.

꽃과 열매를 보려거든 먼저
흙과 뿌리를 보살펴 주십시오.

오늘 비록 앞이 안보인다고
그저 손 놓고 흘러가지 마십시오.

현실을 긍정하고 세상을 배우면서도
세상을 닮지 마십시오. 세상을 따르지 마십시오.

작은 일 작은 옳음 작은 차이
작은 진보를 소중히 여기십시오.

-박노해-

지금 곧 말하라

따뜻한 말 한마디
고백하고픈 사랑의 말 한마디
잊어버릴 때까지 기다리지 말라. 오늘 곧 속삭이라.
말하지 못한 따뜻한 말 한마디
부치지 않은 편지
오랫동안 잊고 있었던 소식
다하지 못한 사랑
많은 가슴을 찢어지게 하고
사랑하는 사람들을 기다리게 한다.
어서 그들에게 주라.
필요로 하는 이들에게
너무 늦어버리기 전에

지금 하십시오

오늘 하늘은 맑지만
내일은 구름이 모일지 모릅니다.
어제는 이미 당신 것이 아니니
지금 하십시오.
친절한 말 한 마디가 생각나거든
지금 말하십시오.
내일은 당신의 것이 아닐는 지도 모릅니다.
사랑하는 사람이 언제나 곁에 있지는 않습니다.
사랑의 말이 있다면 지금 하십시오.
당신의 친구가 떠나기 전에,
장미는 피고 가슴이 설레일 때,
지금 당신의 미소를 주십시오.
불러야 할 노래가 있다면
지금 부르십시오
당신의 해가 지면 노래 부르기에
너무 늦습니다.
당신의 노래를 지금 부르십시오.
지금 내가 할 일이 있습니다.

지금 시작하십시오

지금 시작하십시오.
내 뜰에 꽃을 피우고 싶으면
지금 뜰로 나가 나무를 심으십시요.
내 뜰에 나무를 심지 않는 이상
당신은 언제나 꽃을 바라보는 사람 일뿐
꽃을 피우는 사람은 될 수 없으니까요.

지금 말하십시오.
사랑하고 싶으면 지금 사랑한다고 말하십시오.
표현되지 않는 사랑으로
그를 내 곁으로 머무르게 할 수 없습니다.
사랑의 목소리가 어디선가 들려오면
그는 그 곳을 향해 아무런 아쉬움 없이 떠날 테니까요.

지금 말하십시오.
친절한 말 한마디가 생각나면
지금 그 말을 가까이 있는 이에게 하십시오
당신이 머뭇거리고 있는 동안
그는 다른 쪽으로 가버릴 것이고
다시는 똑 같은 친절의 기회가 오지 않을지도 모르니까요.

지금 사랑하십시오.
행복한 가정을 만들고 싶으면

지금 가족을 사랑하십시오.
부모님은 아쉬움에 떠나고 아이들은 너무 빨리 커버려
사랑을 전할 시간이 얼마 남지 않았으니까요.

지금 전하십시오.
그리운 이가 있으면 지금 편지를 쓰십시오.
지금 편지를 보내지 않으면
당신에 대한 그의 기억이 날마다 작아져
다음 편지가 도착할 쯤에는
당신의 이름마저 생각이 나지않아
편지를 반송할 지도 모르니까요.

지금 시작하십시오.
하고 싶은 일이 있으면 지금 시작하십시오.
지금 그 일을 시작하지 않으면
그 일은 당신으로부터 날마다 멀어져
아무리 애써 손을 뻗어도
닿지 않는 날이 가까이 다가오고 있으니까요.

지금 뿌리십시오.
좋은 사람이 되고 싶으면
지금 좋은 생각의 씨앗을 마음 밭에 뿌리십시오.
지금 뿌리지 않으면

내 마음 밭에는 나쁜 생각의 잡초가 자라
나중에는 아무리 애써 좋은 생각의 씨앗을 뿌려도
싹조차 나지 않을지도 모르니까요.

-문연 아이디어 뱅크 각색-
『나의 전공은 성공입니다』 중에서

일의 축복

좋은 성격을 개발해내고 싶거든 일하라!

좋은 건강을 유지하고 싶거든 일하라!

자기 자신을 극복하고 싶거든 일하라!

옳은 일을 올바르게 하고 싶거든 일하라!

가난한 자가 부자되고 싶거든 일하라!

자신이 퇴보하는 것을 막고 싶거든 일하라!

많은 지식의 소유자가 되고 싶거든 일하라!

살아가는 방법을 깨닫고 싶거든 일하라.

오늘만은

오늘만은 행복하고 싶다.
링컨은 "대부분의 사람은 자기가 행복해지려고 결심한 정도 만큼 행복하다"고 했는데 이 말은 진리인 것이다.
행복은 내부에서 온다.
그것은 외부의 사정이 아니다.

오늘만은 자기 자신을 사물에 부응시키도록 하자.
사물을 자기가 바라는 대로 하려고 하지 말자.
가족·사업·운을 있는 그대로 받아들여
자신을 그것에 부응시키자.

오늘만은 몸 조심하자.
운동을 하고, 몸을 아끼고, 영양을 섭취하자.
혹사하거나 내 몸을 무시하지 않도록 하자.
그렇게 하면 내 명령에 따라 완전한 기계가 될 것이다.

오늘만은 자신의 마음을 굳게 가지자.
무엇인가 유익한 일을 배우자.
정신적인 게으름뱅이가 되어서는 안된다.
어떤 노력과 사고의 집중을 필요로 하는 책을 읽자.

오늘만은 세가지 방법으로 내 영혼을 운동시키자.
남 모르게 무언가 좋은 일을 해보자.
수양을 위해 적어도 두가지는
자기가 하고 싶지 않은 일을 하자.

오늘만은 유쾌하게 지내자.
될 수 있는 대로 씩씩한 모습을 하고
될 수 있는 대로 어울리는 복장을 하고
조용하게 이야기하고 예절 바르게 행동하고
마음껏 사람들을 칭찬하자.
그리고 남을 비평하지 말고 꾀를 부리지 말고
남을 탓하거나 꾸짖지 않도록 하자.

오늘만은 오늘 하루로써 살아보기로 하자.
인생의 모든 문제를 앞에 놓고 한꺼번에 덤비지 말자.
일생 동안 도저히 감당할 수 없는 문제라도
열 두 시간 내에 해치워 버리자.

오늘만은 하루의 프로그램을 갖자.
매시간 할 일을 기록해 두기로 하자.
그대로는 할 수 없을지 모르나 어쨌든 해보자.
성급함과 어리석음을 제거할 수 있을지 모르니까.

오늘만은 30분 동안이라도 혼자서 조용히 휴식할 시간을 갖자.
그동안에 때로는 하나님에 대해 생각하자.
자기 인생에 대한 올바른 인식을 얻을 것 같으니까.

-시빌 F. 패트릭-

 오늘

이날을 보라.
여명이 밝아오는 아침
이날이야말로 생명이 솟구치는 생명의 날
오늘의 짧은 항로 안에
그대 존재의 모든 진실과 현실들이 담겨 있나니

성장의 환희
행동의 영광
성공의 화려

어제는 꿈에 지나지 않고
내일 또한 환상에 지나지 않는다.
그러나 충실하게 지낸 오늘은
어제도 행복한 꿈이라고 생각하고
내일은 희망에 찬 환상이라.

그대여 이날을 기억하라.
이것이야말로 여명에의 인사이다.

-나폴레온 힐-
『윌리엄 오슬러가 항상 책상위에 놓아두었던 인도의 희곡작가 카리다사의 시』

되돌릴 수 없는 시간

시간을 흘려보내는 것이 인간의 몫은 아니다.
삶은 짧고 죄는 늘 여기에 있다.
우리의 연륜은
떨어지는 낙엽이요, 흐르는 눈물이다.
더 이상 흘려버릴 시간은 없다.
세상의 모든 것들을 내 것으로 여기고
가장 뜨거운 열심을 기울여야만 한다.
삶은 여러 번 주어지지 않는 것
우리는 단 한 번 살 수 있을 뿐이다.
한 번, 오직 단 한 번
그 좁고 짧은 한계 속에 단 한 번뿐인 삶은
얼마나 뜨겁게 열심히 채워져야 하는가.
매일 매일 축복받은 노동 속에서
한 시간 한 시간 또 새로운 성과를 올리며

-브라우닝-

당신이 할 수 있는 한

당신이 할 수 있는 좋은 일은 모두 다 하자.
당신이 할 수 있는 모든 수단으로
당신이 할 수 있는 모든 방법으로
당신이 할 수 있는 모든 장소에서
당신이 할 수 있는 한 언제든지
당신이 해 줄 수 있는 모든 사람에게
당신이 할 수 있는 한 오래도록
당신이 할 수 있는 좋은 일은 모두 다 하자.

-죤 웨슬리-

우리들의 삶

우리들의 삶엔 끝이 없다.
언제나 시작을 부를 뿐이고
모든 것은 끝나는 데서 시작하고 있다.

강물이 흐름을 끝낼 때
바다는 그곳에서 시작되고
자정이 창을 넘을 때
다시 시작하는 찬란한 우리들의 하루

사랑은 미움 다음에 오는 광명한 하늘이고
내일은 오늘의 장엄한 막이 내린 다음에야 비로소
열려온다.

우리들의 전부는 지금 끝나고 있지 않다.
언제나 시작하고 있는 것이다.
어제의 소망보다는 바다같은 오늘의 이상
장막이 걷히며 새로운 삶이 시작된다.

현재를 소중히 하라

오늘을 회피하고서 내일의 만족을
누리는 사람은 결코 없습니다.

지금 이 순간도 어느 누구도 아닌
당신 자신이 되어야 할 때입니다.

마음이 원하는 대로 가십시요
소망어린 마음으로 목표를 추구하십시요.

그러나, 지금 이 순간을 소중히 여기십시요.
당신의 삶은
바로 지금 이 순간에 이루어지고 있습니다.

순간은 낭비하기에는 너무 길며,
바라기만 하면서 보내기에는 너무 귀중하며,
공허함만으로 채우기에는 너무 많은 가능성이 있습니다.

지금 이 순간은
무한한 미래와 영원한 과거가 만나는 싯점입니다.
당신이 삶을 보내고 있는 곳은
바로 지금 이 순간입니다.

이 순간을 최대로 활용하십시요.

충분한 시간을 가져라

일하는데 충분한 시간을 가져라.
 -이것은 성공의 대가이다.
생각하는데 충분한 시간을 가져라.
 -이것은 힘의 근원이다.
운동하는데 충분한 시간을 가져라.
 -이것은 끊임없는 젊음유지의 비결이다.
독서하는데 충분한 시간을 가져라.
 -이것이 바로 지혜의 샘이다.
친절하는데 충분한 시간을 가져라.
 -이것은 행복에로의 길이다.
꿈을 가지는데 충분한 시간을 가져라.
 -이것은 당신의 마차를 별나라로 이끌어다 줄 것이다.
사랑하고 사랑받는데 충분한 시간을 가져라.
 -이것은 구원받을 사람들의 특권이다.
주위를 돌아보는데 충분한 시간을 가져라.
 -이것은 자신만을 위해 살기에는 인생이 너무 짧기 때문이다.
웃는데 충분한 시간을 가져라.
 -이것은 내 영혼의 음악이다
신을 생각하는데 충분한 시간을 가져라.
 -이것은 인생의 유일한 영구불변의 투자이다.

나의 길을 가야 한다

자, 떠날 때는 왔다.
우리는 우리의 길을 가는 것이다.
나는 죽으러 가고 여러분은 살러 간다.
누가 더 행복할 것이냐?
오직 신만이 알 것이다.

-소크라테스-
『아테네 법정』에서 한 말

일곱 번, 나는 내 영혼을 경멸하였습니다

제일 처음
나의 영혼이 저 높은 곳에 도달하기 위해
비굴해 지는 것을 알았을 때입니다.

두 번째는
나의 영혼이 육신의 다리를 저는 사람들 앞에서
절룩거리고 있는 것을 보았을 때입니다.

세 번째는
나의 영혼이 쉬운 것과 어려운 것 사이에서
쉬운 것을 선택하는 것을 보았을 때입니다.

네 번째는
나의 영혼이 잘못을 행하고서도
타인들도 잘못을 행하노라고
스스로 합리화 하였을 때입니다.

다섯 번째는
유약함으로 몸을 사려 놓고는
그것이 용기에서 나온 인내인 양 짐짓 꾸밀 때입니다.

여섯 번째는
어떤 사람의 얼굴이 추하다고
마음속으로 경멸했을 때입니다.
바로 그 얼굴이
내 마음속의 가면들 중 하나라는 것을 모르는 채.

그리고 마지막으로
나의 영혼이 아부의 노래를 부르고
그것을 덕이라 여길 때입니다.

침묵하는 지혜

날마다 내가 말을 하고 살도록 허락하신 주여
하나의 말을 잘 탄생시키기 위하여
먼저 잘 침묵하는 지혜를 깨우치게 하소서.

헤프지 않으면서 풍부하고
경박하지 않으면서 유쾌하고
과장하지 않으면서 품위있는 한마디의 말을 위해
때로는 진통 겪는 어둠의 순간을 이겨내게 하소서.

내가 어려서부터 저지른 모든 잘못
특히 사랑을 거스린 비방과 오해의 말들을

경솔과 속단과 편견과 위선의 말들을
주여, 용서 하소서.

나날이 새로운 마음, 깨어 있는 마음
그리고 감사한 마음으로 내 언어의 집을 짓게하시어
해처럼 환히 빛나는 삶을 노래처럼 즐거운 삶을
당신의 은총 속에 이어가게 하소서.

감사의 기도

때때로 병들게 하심을 감사합니다.
인간의 약함을 깨닫게 해 주시기 때문입니다.

가끔 고독의 수렁에 내던져 주심도 감사합니다.
그것은 주님과 가까와지는 기회입니다.

일이 계획대로 안되게 틀어 주심도 감사합니다.
그래서 나의 교만이 반성될 수 있습니다.

아들 딸이 걱정거리가 되게 하시고, 부모와 동기가 짐으로
느껴질 때도 있게 하심을 감사합니다.
그래서 인간된 보람을 깨닫기 때문입니다.

먹고 사는데 힘겨웁게 하심을 감사합니다.
눈물로써 빵을 먹는 심정을 이해할 수 있기 때문입니다.

때때로 허탈하고 허무하게 하심을 감사합니다.
영원에 접근할 수 있는 기회이니까요.

불의와 허위가 득세하는 시대에 태어난 것도 감사합니다.
하느님의 의가 분명히 들어나기 때문입니다.

땀과 고생의 잔을 맛보게 하심을 감사합니다.
그래서 주님의 사랑을 깨닫기 때문입니다.

주님! 감사할 수 있는 마음을 주셔서 감사합니다.

마음의 평온

마음을 평온하게 가지려면
불쾌한 기억을 머리속에 불러 들이지 말 것이다.

시궁창이 있는 곳을 피하여 가듯이
기분 나빴던 기억은 피해 버려야 한다.

꾸역꾸역 생각하는 것은 가장 나쁘다.
사람은 현재가 불행한 것이 아니라, 불쾌하고 슬픈 기억 때문에 불행한 것이다.

그러한 기억에서 떠난다면, 오늘의 하루는 그것대로 즐거운 것이다.

-아우구스티누스-

어느 직장인의 기도문

매일 아침 기대와 설레임을 안고 시작하게 하여 주옵소서.
항상 미소를 잃지 않고
나로 인하여 남들이 얼굴 찡그리지 않게 하여 주옵소서.
상사와 선배를 존경하고 아울러 동료와 후배를 사랑할 수 있게 하시고 아부와 질시를, 교만과 비굴함을 멀리하게 하여 주옵소서.

하루에 한 번쯤은 하늘을 쳐다보고
넓은 바다를 상상할 수 있는 마음의 여유를 주시고
일주일에 몇 시간은 한 권의 책과 친구와 가족과 더불어 보낼 수 있는 오붓한 시간을 갖게 하여 주옵소서.
한가지 이상의 취미를 갖게 하시어
한 달에 하루쯤은 지나온 나날들을 반성하고
미래와 인생을 설계할 수 있는
시인인 동시에 철학자가 되게 하여 주옵소서.

작은 일에도 감동할 수 있는 순수함과
큰일에도 두려워하지 않는 대범함을 지니게 하시고
적극적이고 치밀하면서도 다정다감한 사람이 되게 하여 주옵소서.
자기의 실수를 솔직히 시인할 수 있는 용기와
남의 허물을 따뜻이 감싸줄 수 있는 포용력과
고난을 끈기있게 참을 수 있는 인내를 더욱 길러 주옵소서.

직장인 홍역의 날들을 무사히 넘기게 해주시고
남보다 한발 앞서감이 영원한 앞서감이 아님을 인식하게 하시고 또한, 한 걸음 뒤쳐짐이 영원한 뒤쳐짐이 아님을 알게 하여 주옵소서.
자기반성을 위한 노력을 게을리 하지 않게 하시고
늘 창의력과 상상력이 풍부한 사람이 되게 하시고
매사에 충실하여 무사안일에 빠지지 않게 해주시고
매일 보람과 즐거움으로 충만한 하루를 마감할 수 있게 하여 주옵소서.

그리하여 이 직장을 그만 두는 날
또한 생을 마감하는 날에
과거는 전부 아름다웠던 것처럼
내가 거기서 만나고 헤어지고 혹은 다투고
이야기 나눈 모든 사람들이 살며시 미소짓게 하여 주옵소서.

불운아

이 세상은 죄송하지만
예를 들어 집과 비슷하네
여러 문으로 들어가서
다른 문으로 나오는
그리고 이 세상의 모든 문들은
단 한가지 의미만을 가지고 있네
어디에서고 문이 닫힌다면
그건 내가 거기에 손을 댄 때문이지

어떤 사람들은 목덜미가 부러지고
또 어떤 사람들은 멀쩡하게 있네
아주 많은 사람들이 행복한데
나는 그 반대이네
그리고 내 불행을 우연으로 간주하는 사람은
인생의 의미를 잘못 이해하고 있는 거라네
어디에서고 문이 닫힌다면
그건 내가 거기에 손을 댄 때문이지

나는 아직 돈이 없어 한탄한 적은 없네
나는 돈이 두렵네
왜냐하면 누군가가 계산대에 앉게 되면
그는 금고를 필요로 하기 때문이지
그래서 나는 돈이 가득든 상자를 갖게 된다 해도

그리로 가지는 않겠네
왜냐하면 금고 문이 닫힌다면
그건 내가 거기에 손을 댄 때문이니까

내가 장차 하늘나라에 들어갈 때
페투루스가 '들어 오너라' 하면서
열쇠 꾸러미로 문을 열어주면
나는 들어가지 않을 거라네
하늘 나라는 이 지상과 같을 것이기 때문이지
그래서 하늘나라의 문이 닫히면
언제나 그렇듯이
그건 내가 거기에 손을 댄 까닭이네

-에리히 케스트너-

주자십회

첫째, 살아 생전에 부모님께 불효하고 냉대했다면
돌아가신 후에 후회하게 된다.
둘째, 가족이나 친척을 푸대접했다면 사이가 벌어진 다음에
후회하게 된다.
셋째, 손님께 소홀히 대접하면 돌아간 다음에
후회하게 된다.
넷째, 담장을 수리하지 않으면 도적이 든 후에
후회하게 된다.
다섯째, 봄에 밭을 갈고 씨를 심지 않으면
가을에 남들은 다 추수하니 후회하게 된다.
여섯째, 젊어서 공부하지 않으면 늙어서 후회하게 된다.
일곱째, 방탕한 생활을 삼가지 않으면
병들어서 후회하게 된다.
여덟째, 돈이 있을 때 절약하지 않으면 구차하게 되어
후회하게 된다.
아홉째, 화낼 일이 있을 때 뒷 일을 생각지 않고 있는 대로
분풀이하면 일을 저지른 후에 후회하게 된다.
열째, 술 취해서 함부로 지껄이면 술 깨고 나서
후회하게 된다.

-주자-

차고 속의 철학

「당신의 능력이 세상을 변화시킬 수 있다.」는
확신을 가지세요.

신속히! 모든 방법으로! 최선을 다해!
과감히 도전하세요.

혼자 일해야 할 때와 함께 일해야 할 때를
적절히 판단해 보세요.

멋진 방법과 신선한 아이디어를 동료들과 공유하고,
신뢰로써 이들을 지켜보세요.

권위주의적인 분위기는 버리세요.
걸림돌이 되니까요.

창조의 결과는 고객들이 판단합니다.
때론 엉뚱한 모험도 필요합니다.

색다르게 일하는 방법을 창출해 보세요.
하루하루 좋은 결과를 위해 꾸준히 노력해 보세요.
그것을 얻기까지는…

자리를 뜨지말고 철저히 집중해 보세요.
그리고 함께 하면 그 어떤 것도 가능하다는 것을 믿으세요.

-모 벤처기업 『신문 광고내용』 중에서-

분명함과 막연함

분명히 아는 것과 막연하게 아는 것은 전혀 다릅니다.
분명히 아는 것은 내 것이지만, 막연하게 아는 것은
남의 것이기 때문이다.
나는 한가지라도 분명히 알므로 그것을
내 것으로 삼는 사람이 될 것입니다.

분명히 사랑하는 것과 막연하게 사랑하는 것은 다릅니다.
분명히 사랑하는 것은 아름답지만,
막연한 사랑은 추하기 때문입니다.
나는 단 한사람이라도 분명히 사랑하므로
아름다운 사람이 될 것입니다.

분명히 믿는 것과 희미하게 믿는 것은 전혀 다릅니다.
분명히 믿으면 신뢰받지만,
막연하게 믿으면 의심받기 때문입니다.
나는 분명하게 믿음으로 신뢰받는 사람이 될 것입니다.

분명히 바라는 것과 막연하게 바라는 것은 전혀 다릅니다.
분명히 바라는 것은 이루어지지만,
막연하게 바라는 것은 이루어지지 않기 때문입니다.

분명하게 말하는 것과 희미하게 말하는 것은 전혀 다릅니다.
분명히 하는 말은 나를 앞으로 나가게 만들지만,
막연하게 말하는 것은 나를 뒤로 물러나게 하기 때문입니다.
나는 분명히 말함으로 그 말과 함께
힘차게 앞으로 나가는 사람이 될 것입니다.

분명히 좋은 생각과 막연하게 좋은 생각은 전혀 다릅니다.
분명히 좋은 생각은 나를 편안하게 하지만,
막연한 생각은 나를 얽매이게 하기 때문입니다.

행동하는 간부

『이리가 이끄는 양의 군대가 양이 이끄는 이리의
군대를 이긴다』

강한 간부가 강한 회사를 만든다.
강한 간부는 이론이 아니라 행동을 앞세운다.
행동으로 실적을 쌓으면 그것이 바로 이론이다.

자신의 능력도 중요하지만
자신이 이끌고 있는 조직의 역량이
보다 중요하다는 것을 알아야 한다.

조직을 리드하는 능력과 행동력을 갖출 때만이
경영층으로부터 신뢰받고 부하로부터 존경받는
간부가 될 수 있다.

-야마가타 다쿠야-

알맞은 때

모든 일에는 다 때가 있다.
세상에서 일어나는 일마다 알맞은 때가 있다.
태어날 때가 있고, 죽을 때가 있다.
심을 때가 있고, 뽑을 때가 있다.
죽일 때가 있고, 살릴 때가 있다.
허물 때가 있고, 세울 때가 있다.
울 때가 있고, 웃을 때가 있다.
통곡할 때가 있고, 기뻐 춤출 때가 있다.
돌을 흩어버릴 때가 있고,
모아들일 때가 있다.
껴안을 때가 있고,
껴안는 것을 삼갈 때가 있다.
찾아나설 때가 있고, 포기할 때가 있다.
간직할 때가 있고, 버릴 때가 있다.
찢을 때가 있고, 꿰맬 때가 있다.
사랑할 때가 있고, 미워할 때가 있다.
전쟁을 치를 때가 있고,
평화를 누릴 때가 있다.

-솔로몬-

최선을 다하는 마음

사람은 살면서 가장 연연해하는 것은 과거이고
가장 바라고 소망하는 것은 미래이며
가장 소홀히 하기 쉬운 것은 현재이다.

대저 과거는 이미 흘러간 물이 되었으니 얽매일 필요가 없다. 미래는 아득하기가 마치 바람을 손으로 잡으려는 것과 같으니 바랄 수가 없다.

오직 이 현재의 싯점에서 궁한 처지에 있건 달한 처지에 있건 때를 얻으면 행하고 때를 얻지 못하면 멈추어 절로 마땅한 이치와 주어진 상황에서 최선을 다하려는 마음이 있어야 할 것이다.

시간이나 보내면서 훗날을 기다리며 책임을 다른 사람에게 미루고 세월을 헛되이 보낸다면 참으로 안타까운 일이다.

- 『마음을 비우는 지혜』 중에서 -

다섯 번째 이야기

나의 명작을 만들자

명작이 탄생된다
좋은 환경, 많은 기회, 유능, 행운 때문이 아니다
믿음과 실천 때문이다

성공은 운명이나 팔자가 아니고 태도와 습관이라고 한다.
습관이 인생을 바꾼다는 이야기다.
성공한 사람은 나름대로 다 특징이 있으며 가장 큰 특징이라면 아마도 『이렇게 하면 반드시 잘 된다』는 믿음과 원칙과 신조와 같은 확신을 가지고 있다는 점이다.
항상 플러스적인 자기암시를 하고 철저히 계획을 세우고 꾸준히 실천하는 사람이다.

나에게도 좋은 습관이 하나 있다.
매년 연초가 되면 세가지의 목표를 세우고 실천하는 습관이다.
한 해는 대리 승진, 결혼, 희망부서 발령이라는 세가지 목표를 세우고 모두 달성하여 자신감을 가진적이 있다.

지점장 발령전 해에는 모시던 지점장께 아침 5시 기상 한 시간 연구, 새로운 분양주택 구입, 지점장 승진이라는 세가지 포부를 말하고 3가지가 모두 다 성사되어 덕담을 나눈 적이 있다.
성공하려면 성공한 사람과 친구 되어야 하며 그 사람의 습관을 배워야 한다.
성공한 사람은 성공할 수 밖에 없는 행동을 하며
실패한 사람은 실패할 수 밖에 없는 행동을 한다.

성공한 사람과 대화를 하다보면 길이 보이고 의욕이 샘 솟고 열망이 용솟음 친다.
가장 위대한 예술가도 한때는 초심자 였으며,
아무리 유능한 예술가라도 항상 명작만을 남길 수는 없다.
성공을 열망하며 성공한 사람의 습관을 몸에 익히고 닮아가려고 부단히 노력할 때 나의 명작도 탄생할 수 있다고 믿는다.

승리

너는 언젠가는 가장 많은 실적을 올릴 것이라고
장담하던 바로 그 사람이 아닌가.
그러나
너는 단지 네가 가진 지식과 원대한
포부만을 자랑해 왔다.
한 해가 흘러갔는데,
무슨 변화를 가져왔는가?
시간… 새해… 새로운 열두 달이
너의 명령을 기다리고 있는데
너는 과거처럼 또 많은 시간을, 기회를
헛되이 보내버리고 말겠는가?
우리는 너의 이름을
성공자 명단에서
찾을 수 없었다.
왜 그럴까? 그 이유를 설명해 보라.
그 이유는, 기회가 부족한 것이 아니라
단지, 행동이 부족 했었음을 알라.

-허버트 카우프만-

너의 하늘을 보아

네가 자꾸 쓰러지는 것은
네가 꼭 이룰 것이 있기 때문이야

네가 지금 길을 잃어버린 것은
네가 가야만 할 길이 있기 때문이야

네가 다시 울며 가는 것은
네가 꽃피워 낼 것이 있기 때문이야

힘들고 앞이 안보일 때는
너의 하늘을 보아

네가 하늘처럼 생각하는
너를 하늘처럼 바라보는

너무 힘들어 눈물이 흐를 때는
가만히
네 마음 가장 깊은 곳에 가 닿는
너의 하늘을 보아

-박노해-

생활규범

1. 오늘 할 일을 내일로 미루지 말라.
2. 자신이 직접 할 수 있는 일로 다른 사람을 귀찮게 하지 말라.
3. 아직 벌지도 않은 돈은 절대로 쓰지 말라.
4. 물건이 싸다는 이유 때문에 필요하지 않는 것을 사지 말라.
5. 자존심은 배고품, 추위보다 더 우리를 고통스럽게 한다.
6. 결코 너무 적게 먹었다고 후회하지 말라.
7. 기꺼이 일을 한다면 귀찮을 리가 없다.
8. 일어나지도 않은 일에 대해 걱정하지 말라.
9. 매사를 편한 마음으로 긍정적으로 대하라.
10. 화가 나면 말하기 전 열을 세어라. 아주 화가 나면 백을 세어라.

-토머스 제퍼슨-

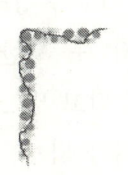

나의 신조(信條)

1. 나는 선이 악을 이긴다고 믿는다.
   그래서 선의 아들이 되기를 원한다.
2. 나는 희망이 절망보다 강하다고 믿는다.
   그래서 희망의 딸이 되기를 원한다.
3. 나는 광명이 암흑을 이긴다고 믿는다.
   그래서 광명의 신자가 되기를 원한다.
4. 나는 진실이 허위를 이긴다고 생각한다.
   그래서 진실의 제자가 되기를 원한다.
5. 나는 정의가 불의를 이긴다고 생각한다.
   그래서 정의의 사자가 되기를 원한다.
6. 나는 이성이 편견을 이긴다고 생각한다.
   그래서 이성의 신도가 되기를 원한다.
7. 나는 진리가 독단을 극복한다고 믿는다.
   그래서 진리의 수호자가 되기를 원한다.
8. 나는 사랑의 힘이 증오의 힘보다 강하다고 믿는다.
   그래서 사랑의 파수병이 되기를 원한다.
9. 나는 생명이 죽음보다 강하다고 믿는다.
   그래서 나는 생명의 예찬가가 되기를 원한다.
10. 나는 비폭력이 폭력을 이긴다고 믿는다.
    그래서 나는 비폭력의 홍보자가 되기를 원한다.
11. 나는 협동의 힘이 분열의 힘보다 강하다고 믿는다.
    그래서 협동의 실천자가 되기를 원한다.

12. 나는 평화의 의지가 전쟁의 의지보다 강하다고 믿는다.
    그래서 평화의 시인이 되기를 원한다.
13. 나는 창조의 힘이 파괴의 힘보다 강하다고 믿는다.
    그래서 창조의 일꾼이 되기를 원한다.
14. 나는 자유의 힘이 압제의 힘보다 강하다고 믿는다.
    그래서 자유의 기수가 되기를 원한다.

행복한 삶을 위한 충고

1. 오늘만은 행복하게 지내라.
2. 오늘만은 자신의 마음을 지켜라.
3. 오늘만은 몸을 조심하라.
4. 오늘만은 유일한 일을 하라.
5. 오늘만은 유쾌하게 보내라.
6. 오늘만은 마지막 날처럼 살아라.
7. 오늘만은 철저히 시간 계획을 세워라.
8. 오늘만은 혼자서 조용히 휴식하는 시간을 가지라.
9. 오늘만은 주어진 상황에 순응하라.
10. 오늘만은 두려워 말라.

그러면 당신의 생활은 밝아질 것이다.

즐거운 삶의 비결

- 샤워할 때는 노래를 하라.
- 일년에 적어도 한번은 해오름을 보라.
- 완벽함이 아닌 탁월함을 위해 노력하라.
- 세가지 새로운 유머를 알아 두어라.
- 매일 세사람을 칭찬하라.
- 단순히 생각하라. 크게 생각하되 작은 기쁨을 즐겨라.
- 당신이 알고 있는 가장 밝고 정열적인 사람이 되라.
- 항상 치아를 청결히 하라.
- 당신이 승진할 만하다고 생각될 때 요구하라.
- 부정적인 사람을 멀리 하라.
- 잘닦인 구두를 신어라.
- 지속적인 자기 발전에 전념하라.
- 악수는 굳게 나누어라.
- 상대방의 눈을 보라.
- 먼저 인사하는 사람이 되어라.
- 새로운 친구를 사귀되 옛 친구를 소중히 하라.
- 비밀은 반드시 지켜라.
- 상대방이 내미는 손을 거부하지 마라.
- 남을 비난하지 마라.
- 당신 삶의 모든 부분에 책임을 져라.
- 사람들이 당신을 필요로 할 때 거기에 있어라.
- 때로는 모르는 사람의 주차 요금을 대신 내주어라.

▶ 삶이 공정할거라 기대하지 마라.
▶ 사랑의 힘을 너무 얕보지 마라.
▶ 가끔은 아무 이유 없음으로 샴페인을 터트려라.
▶ 설명하기 위해서가 아닌 주장할 수 있는 삶을 살아라.
▶ 실수했다고 말하는 것을 두려워하지 말아라.
▶ 남의 작은 향상에도 칭찬해 주어라.
▶ 약속은 꼭 지켜라.
▶ 오직 사랑을 위해서만 결혼하라.
▶ 옛 우정을 다시 불붙게 하라.
▶ 자신의 행운을 기다려라.

성공인의 생활습관

1. 무조건 일찍 일어난다.
특히 새벽에 일어나는 게 좋다. 일찍 출근하며 즐겁게, 정열적으로 일하는 사람 가운데 건강하고 성공하는 사람이 많다.

2. 외국 언론을 접한다.
내외 신문과 전문지를 구독하는 것은 물론이고 가급적 케이블 텔레비젼을 통해서 CNN방송을 시청한다. 얼마 가지 않아서 정보통이란 소리를 듣게 된다.

3. 출근하면 E-메일부터 체크한다.
모든 업무를 컴퓨터와 함께 시작하는 습관은 미래 정보화 시대에 살아 남을 수 있는 생존 연습이다.

4. 긍정적으로 생각하자.
"~를 피한다, 싫어한다"는 말 보다는 "~를 좋아한다"는 식으로 생각하고 또 이렇게 말하자.

5. 자기 생각에 자신을 갖자.
자신있고 명확하게 자기 생각과 의견을 밝힌다. 그러나 고집불통이란 인상이 들지 않도록 합리적으로 대응하자.

6. 최소한 한 달에 한 권이상 책을 읽는다.

7. 체력관리를 철저히 하자.
줄넘기라도 규칙적으로 하는 게 좋다.

8. 일 외에 몰두하는 취미를 만들자.
그래야 스트레스가 풀린다.

9. 패션에 신경을 쓰자.
옷이 날개라는 말처럼 옷을 잘 입으면 당신의 가치가 한결 돋보인다.

10. 미식가가 되자.
맛있는 음식을 찾아다니자. 그리고 반드시 아침을 거르지 말자.

11. 가정적이어야 한다.
루빈 미 재무장관은 가정에 충실하기 위해서 사임했다. 바쁜 와중에도 가족을 위해 일정한 시간을 할애하자.

성공하고 싶은 자의 행동강령

1. 사물을 보는 시각과 사고방식을 바꾸면 인생이 바뀐다.

2. 코앞의 일이나 사소한 것에 얽매이지 말고 본질을 보며 장기적인 관찰을 하라.

3. 불가능한 이유를 말하지 말고 가능한 방법을 찾아라.

4. 모든 것이 나에게 달렸다고 생각하라.

5. 꿈을 꿔라. 목표를 세워라.
   그리고 현재에 최선을 다하라.

6. 무슨 일에나 솔선하고 적극적으로 행동하라.

7. 시련과 역경이야 말로 신이 내게 주신 최대의 기회, 끊임없이 개혁에 도전하라.

8. 자기암시같은 마음속 잠재의식을 활용하라.

9. 예의범절을 중시하고 행동하는 습관이 배게 하라.

성공원리

1. 상상할 수 있는 것은 반드시 이루어진다.
상상이란 문자 그대로 인간이 생각하는 모든 것을 구체화시키는 공작실과도 같은 것이다. 인간의 생각이나 소망은 상상력의 힘을 빌려 비로소 그 형태나 모습을 갖게 되며 행동으로 옮겨지게 되는 것이다.

2. 남이 해주기를 바라는 것을 먼저 남에게 해주어라.
고대 로마의 철학자 세네카가 『남에게 선행을 베푸는 사람은 무엇보다도 자기자신에게 선행을 행한 것과 같다』고 말한 것처럼, 남에게 베풀면 반드시 보답을 받게 된다.

3. 내일로 미루지 마라.
내일로 미루는 습관은 사실 누구에게나 잠재되어 있다. 그러나 그것은 언제나 기회를 빼앗고, 당신을 실패로 몰고 가는 악한임을 알아야 한다. 당신이 성공을 바란다면, 때를 기다리는 것과 같은 어리석음은 피해야 한다. 지금 당장 할 수 있는 일부터 찾아 착수해야 한다. 그러면 기회를 붙잡게 되는 것이다.

4. 서비스하라.
서비스는 일이 되게 하는 해결 인자이다. 상품의 품질로 우열을 가리기가 어려운 시점에 이르렀다.

이제 부터는 서비스다. 서비스가 우열을 가리는 요소이고 가치창출의 핵심이다. 고객이나 소비자들은 서비스로 그 회사를 평가하고, 상품을 평가하며, 사업가나 세일즈맨의 보수를 결정해 준다.

5. 저축습관을 길러라.
똑같은 수입이라도 어떻게 쓰느냐에 따라 엄청난 차이가 난다. 당신은 같은 조건의 비슷한 수입을 갖는 사람들도 시간이 지날수록 경제적인 차이가 커 가는 것을 보았을 것이다.

6. 신용은 무형자산이다.
『신용은 황금보다 귀하다』는 영국의 격언이 있다. 신용은 기업의 세계에서나 개인의 인간관계 전반에 걸쳐서 없어서는 안될 무형의 자산이다. 기업이든 개인이든 신용이 실추되면 결국 파멸하게 된다.

7. 세일즈하라. 세일즈는 당신의 의무이다.
사람이란 누구나 태어날 때부터 세일즈맨의 기질을 지니고 있다. 왜냐하면 사람은 태어난 그 순간부터 자신을 누구에겐가 팔지 않으면 안되게 되어있기 때문이다.

8. 먼저 행동하라.

당신은 감정이 행동을 지배한다고 생각할지도 모른다. 그러나 감정에 따라서만 행동한다면 당신은 얻을 것이 별로 없게 된다. 똑같은 생각이나 행동을 반복하면 감정이 그렇게 되어 버린다.

9. 서로 협력하라.

전지를 여러개 연결하면 한 개의 전지보다 더 큰 힘을 얻을 수 있는 것처럼 인간의 두뇌도 많이 연결할 수록 그 힘이 커진다. 즉, 둘 이상의 두뇌가 조화롭게 협력할 때 하나의 두뇌보다 훨씬 큰 에너지를 낼수 있는 것이다.

10. 정보와 지식을 활용하라.

21세기는 정보지식사회이다. 이는 정보와 지식이 가장 중요한, 아니 유일한 생산요소이고 경쟁요소라는 의미이다. 따라서 성공하려면 정보인, 지식인이 되어야 한다.

-나폴레온 힐-

성공한 사람들의 5가지 비결

MBC 다큐 '성공시대'에 소개된 70여 인물, 그 뒤에 숨은 그들의 성공비결

1. 공짜는 없다.

모형 건축의 달인으로 평가받는 기홍성씨는 10년째 달아온 심장박동기를 '훈장'이라 말했다.

컴퓨터 바이러스 연구소 안철수 대표는 외국 유명업체가 백신프로그램 V3 기술인수에 1천만달러를 제의했지만 결국 우리나라 시장을 지켜야 한다는 생각에서 거절했다.

이명현 전 교육부장관은 여자를 사귀면 공부에 방해가 된다며 44세가 되어서야 결혼을 하는 고집을 부렸으며 초등학교만 졸업한 학력으로 검정고시를 거쳐 서울대교수, 교육부 장관에 이른 이 전장관의 삶의 철학은 '세상에 공짜는 없다'는 것이다.

2. 미쳐야 한다.

동시통역사 최정화씨는 프랑스 파리 통역대학원 시절 꿈도 한·불·영 3개국 언어로 꾸었다고 하며 동양인 최초로 박사학위를 받기까지 실력 1백%에 4백%를 더 준비한다는 신념으로 노력했다.

중앙병원 흉부외과 송명근 박사는 수술시 왼손을 쓸 수 있게 하기 위해 후배들에게 왼손식사를 강요하고 밤마다 방석 꿰매는 연습을 시킨다. 송박사의 행동에는 1백% 완벽해야 한다는 신념이 있다.

3. 남보다 한 발 빨라야 한다.

김강자 서장은 최초로 여성경감, 최초의 여자 형사기동대 창설, 교통순찰대 등 여경의 업무영역을 개척 해냈다는 평가를 들었다.

6개 국어를 구사하는 IOC 김운용 위원은 국제화시대에 외국어가 무기라는 생각에 학창시절부터 영어와 스페인어, 불어를 공부했다.

4. 너무 늦은 시작은 없다.

미국에서도 인정받는 애니메이터 신능균씨가 "2류 애니메이터는 되기 싫다"며 미국으로 유학을 떠난 나이는 35세. 결국 미국 에미상을 4회나 수상하는 성공을 일궈냈다.

코리아나 유상옥 사장은 55세의 나이로 창업을 결심하고 동사무소에서 서류 떼는 일부터 새로 배웠다.

5. 낙천적이다.

울산 모래벌판 사진 한 장을 들고 4천5백만 달러의 차관을 얻어내 조선소를 만든 현대그룹 정주영 명예 회장의 이야기는 업계에서는 신화로 통한다.

부산 국제영화제 김동호 집행위원장도 공무원 시절 보고서를 13번이나 퇴짜를 맞으면서도 불평하지 않았다고 한다. 문공부 차관에서 퇴임하는 날 학원 수강신청을 할 정도로 그의 낙천적 사고방식이 비영화인 출신으로 해외영화제의 심사위원장까지 위촉된 비결이다.

공포로부터 벗어나는 길

1. 당신이 두려워하는 일을 과감하게 실행하라.
"나는 이 공포를 극복하려고 한다" 스스로에게 이렇게 말하고 그렇게 하도록 노력하라. 그러면 반드시 공포감으로 부터 해방될 수 있을 것이다.

2. 공포란, 당신의 마음속에 있는 부정적인 생각 바로 그것이다.
공포를 당신의 마음속에서 몰아내고, 긍정적이고 적극적인 생각을 받아 들이라. 이 세상에는 공포로 인해 생명을 잃은 사람이 너무도 많다. 그러나 당신의 신념은 공포보다 위대하다.

3. 공포는 인류 최대의 적이다.
실패나 질병, 또는 잘못된 인간관계의 배후에는 반드시 공포가 도사리고 있다. 사랑은 공포를 없애준다. 사랑은 인생의 선한 것에 대한 정서적인 애착이다. 최선을 기대하며 살라. 그러면 신기하게도 엄청난 효과가 나타난다.

4. 공포와 반대의 암시를 하라.
"나는 아름답게 노래한다. 나는 침착하고 고요하며 평안하다." 이처럼 공포와 반대되는 암시를 함으로써 당신의 마음속에 있는 공포의 암시를 몰아내도록 하라. 그러면 신기하게 엄청난 효과가 나타난다.

5. 시험을 치를 때 찾아오는 기억상실의 배후에는 항상 공포가 도사리고 있다.
이를 극복하려면 마음속으로 이렇게 상상하며 긍정하라. "알아야 할 모든 것에 대하여 나는 완전한 기억력을 가지고 있다." 그리고 나서 시험에 합격하여 주위로부터 당신이 축하 받는 장면을 상상하라. '하면 된다'는 신념을 가지고 행동하라. 그러면 승리는 당신 것이 된다.

6. 공포의 대상에 대해서 그 필요성을 칭찬해 보라.
엘리베이터와 같은 비좁은 장소에 대한 공포증이 있다면, 마음속으로 엘리베이터를 타고 그 기능을 찬양하도록 하라. 그러면 신기할 정도로 공포가 사라진다.

7. 당신이 태어나면서부터 지니는 공포는 두 가지뿐이다. 공중에서 뛰어내리는 '낙하 공포'와 '소리에 대한 공포'가 그것이다. 그 밖의 모든 공포는 후천적인 것이다.
따라서 노력하면 얼마든지 없앨 수 있는 것이다.

8. 치환(置換)이라는 대 법칙이 공포에 대한 해답이다.
당신이 두려워하는 것은, 그것이 어떤 것이든 당신이 원하는 것의 형태로써 해결할 수가 있다. 병이 났을 때는 건강을 소원하라. 공포라는 감옥에 갇혔을 때는 자유를 소원하라. 보다 좋은 것을 기대하라. 마음속에서 보다 좋은 것에 대하여 정신을 집중하라. 그리고 당신의 잠재의식은 언제나 당신을 위해 작용하고 있다고 자신하라.

9. 심호흡을 해보라.
자율신경을 이완하고 공포를 제거하는 방법으로 1~4회 천천히 숨을 들이마시고 5~8회 천천히 내쉬는 동작을 반복하라. 유사운동에는 요가, 단전호흡 등이 있다.

10. 그도 사람 나도 사람 일단 한번 만나보자.
자기 최면 암시를 통해 스스로 자신을 통제한 뒤 고객과 접촉해 보라. 자기 암시가 강한 성격의 소유자는 대단히 효과를 볼 수 있다.

-조셉 머피-

쉽고도 어려운 것

성공연구소에서는 성공한 사람들의
쉽고도 어려운 것을 인터뷰해 발표하였다.

"편히 쉬고 싶을 때일수록 귀찮은 일이 생기더군요.
그럴 때일수록 사소한 일에 더욱 더 친절히 대했지요.
별것 아닌 것 같지만 어려운 일이에요."

"얼굴을 찌푸리고 싶을 때 미소를 짓는 것이에요.
그리고 퉁명하게 쏘아주고 싶을 때
부드러운 말을 쓰는 것도 쉬운 것 같지만 어렵구요."
"아랫사람에게 잘못한 것을 인정하고 사과하기가
쉬운 것 같지만 어렵더군요.
그리고 정당한 비난을 감수하고
섭섭함을 마음에 간직하지 않는 것도."

"어떤 일에 기여하고도 제대로 대우받지 못하거나
그냥 지나가 버릴 때 눈을 감는 거예요.
그리고 평상시와는 달리 아는 척도 하지 않는 사람이
생겼을 때도 눈을 감는 것이고요."

"자신의 일을 자신이 다스리는 것이죠.
이보다 쉽고도 어려운 일은 드물걸요."

슬기로운 삶은 투자하는 삶

돈이 있으면 무역에 투자하여라.
여러 날 뒤에
너는 이윤을 남길 것이다.
이 세상에서 네가 무슨 재난을 만날지 모르니
투자할 때에는
일곱이나 여덟로 나누어 하여라.
구름에 물이 가득 차면
비가 되어서 땅 위로 쏟아지는 법.
나무가 남쪽으로나 북쪽으로 쓰러지면
어느 쪽으로 쓰러지든지
쓰러진 그곳에 그대로 있는 법.
바람이 그치기를 기다리다가는
씨를 뿌리지 못한다.
구름이 걷히기를 기다리다가는
거두어 들이지 못한다.
아침에 씨를 뿌리고
저녁에도 부리런히 일하여라.
어떤 것이 잘 될지
이것이 잘 될지 저것이 잘 될지
아니면 둘 다 잘 될지를
알 수 없기 때문이다.

-전도서-

성공한 사람

어떤 형편에서든지 자주 웃을 수 있으며
많이 사랑할 수 있는 사람은
성공한 사람이다.

지혜있는 삶, 어린이의 존경을 받을 수 있는 사람은
성공한 사람이다.

구석진 곳을 채우고 자기에게 맡겨진 일을 완수하는 사람도
성공한 사람이다.

귀중한 약품으로든지
완전한 한 편의 시로써든지 구원받은 영혼으로서든지
보다 나은 세상을 만들 수 있는 사람은
성공한 사람이다.

자연의 아름다움을 감상할 줄 알고
그것을 표현할 수 있는 사람은
성공한 사람이다.

다른 사람의 장점을 볼 줄 알고
자기의 최선의 것을 줄 수 있는 사람은
성공한 사람이다.

메시아가 누구인가를 발견하고 마음을 연 사람은
정말로 성공한 사람이다.

 **자기개발의 생활화**

1. 초지를 관철하는 부단한 자기개발 노력으로 자신의 무한한 잠재능력을 끌어내고 불태워서 선진적 일꾼이 됨

2. 자신이 맡은 업무에 대해서는 의뢰심을 버리고 스스로 연구하고 체험하면서 일의 성과를 높여 나감

3. 자신의 장점을 살리고 단점을 지속적으로 보완하여 업무 수행능력을 향상시킴

4. 주위의 모든 사물을 응용하고 업무 수행과정에서 항상 문제점을 찾아 해결해 나감으로써 업무를 새롭게 발전 시킴

5. 업무관련 서적을 넓고 깊게 읽으며 필요한 정보와 자료를 적극적으로 수집 활용함

6. 주위의 모든 사람을 스승으로 알고 폭넓게 교재하여 자신의 부족한 점을 메꾸어 나감

7. 철저한 시간관리와 근면한 생활 없이는 자기개발의 결실을 얻을 수 없음

-1987년 발행 교보생명 『새 경영』 중에서-

일년에 1억 버는 사람

1. 아침에 일찍 일어난다.
2. 정기적으로 새로운 정보를 수집·정리한다.
3. 가족들 앞에서 하루를 시작하는 힘찬 인사를 한다.
4. 출근길 차안에서 전날 활동의 성패를 분석하여 당일 활동에 적용시킬 점들을 머리속에 그려본다.
5. 회사에 남보다 일찍 도착하여 당일 일정표를 점검한 다음 당일 활동에 필요한 판매용구 등을 점검한다.
6. 매일 아침 신선한 인사말을 준비하여 해피콜을 실시한다.
7. 조회에 참석하여 새로운 정보·지식 습득에 심혈을 기울인다.
8. 아침 미팅이 끝난 후 지체없이 예정된 당일 활동에 돌입한다.
9. 영업활동 시간에는 업적보다 오직 일에만 전념한다.
10. 모욕을 주는 심한 거절자라도 언쟁을 하지않고 다음을 대비한다.
11. 방문처마다 자기의 흔적을 남긴다.
12. 분위기가 좋은 곳이라 할지라도 결코 오래 머무르지 않는다.
13. 힘들어도 원래 목표 (당일 계획표)대로 끝까지 밀고간다.
14. 당일 노력의 결과는 하루 업무를 종료할 시점에 확인토록 한다.
15. 당일 실패원인을 분석하여 메모해 둔다.

16. 당일 만난 사람들 모두를 가망고객과 거절자 등으로 분류하여 유망고객카드에 기록한다.
17. 퇴근전에 내일 만날 사람들과 약속 확인전화를 한다.
18. 매일 고객관리 차원의 D.M을 발송한다.
19. 내일 활동계획을 세운 후 퇴근한다.
20. 아직 당월 목표에 미달인 경우에는 퇴근후 시간을 허비하지 않는다.
21. 자기 꿈의 장소에 하루 한번씩 들러 강한결의를 다지며 미래를 설계한다.
22. 저녁식사 후 활동 중 문제점에 대해 보완하는 시간을 갖는다.
23. 전화로 동료들과 정보교환 및 격려 나누기 시간을 갖는다.
24. 활기찬 내일을 위하여 일찍 잠자리에 드는 습관을 들인다.

오늘 하루의 맹세

1. 나는 오늘 하루 고객들로부터 감사하다는 말을 듣도록 활동을 하겠습니다.
2. 나는 오늘 하루 고객과 약속한 것을 꼭 지키도록 하겠습니다.
3. 나는 오늘 하루 '팔린다!'는 말로 계속 자신을 격려 하겠습니다.
4. 나는 오늘 하루 웃는 얼굴로 고객의 마음을 밝게 해 주겠습니다.
5. 나는 오늘 하루 고객에게 세심한 배려를 기울이겠습니다.
6. 나는 오늘 하루 고객의 장점을 찾아내어 진심으로 칭찬을 해주도록 하겠습니다.
7. 나는 오늘 하루 오늘의 예정을 기필코 완수하고 돌아오겠습니다.
8. 나는 오늘 하루 가슴을 펴고 큰 목소리로 이야기를 하겠습니다.
9. 나는 오늘 하루 탐객 활동을 부지런히 계속하겠습니다.
10. 나는 오늘 하루 상담에만 전념하겠습니다.
11. 나는 오늘 하루 고객에게 최선의 플랜을 가지고 승부를 결정짓겠습니다.
12. 나는 오늘 하루 방문 준비를 태만히 하지 않겠습니다.
13. 나는 오늘 하루 고객의 이야기를 진지하게 듣도록 하겠습니다.

14. 나는 오늘 하루 내가 전달해야 할 사항을 분명하게 고객에게 전하도록 하겠습니다.
15. 나는 오늘 하루 고객과 마음속에서 우러 나오는 대화를 나누도록 하겠습니다.

"생의 하루하루가 승부의 날이고, 자신과 싸움의 연속이다."
-모리 쓰루오-
『고객만족을 창조하는 세일즈』 중에서

일일 시간계획
-스스로에게 해야 할 스무가지 질문-

1. 우선적인 일 여섯가지를 모두 완수했는가?
2. 오늘의 목표에 도달했는가? 또는 초과했는가?
3. 다른 사람들을 설득하는데 계획한 만큼 시간을 투자했는가?
4. 오늘 명단에 올린 고객들을 모두 만났는가? 아니라면, 이유는? 그 고객을 만나는 일을 방해한 것이 무엇인가?
5. 새로운 고객을 찾는 일에 시간을 얼마나 썼는가?
6. 동료나 고객과 몇 시간이나 수다를 떨었는가?
7. 오늘 한 일 중 가장 생산적인 일은 무엇인가?
8. 오늘 한 일 중 가장 생산적이지 못한 일은 무엇인가?
9. 낭비했다고 생각하는 시간 중 피하거나 없앨 수 있었던 시간은 없는가?
10. 나에게 이득이 될 일을 하는 데 몇 시간을 보냈는가? 이 일에 더 많은 시간을 할애할 수 있는가?
11. 오늘은 나에게 생산적인 날이었는가?, 회사에는?
12. 오늘 해야 할 모든 서류작업을 해냈는가?
13. 오늘 한 일 중 나의 목표 달성에 도움이 되는 것은 얼마나 되는가?
14. 오늘 몇 시간이나 가족들을 위해 썼는가? 그들과 함께 시간을 보냈는가? 보람있는 시간이었나? 단지 같은 시간, 같은 장소에 있었을 뿐인가?

15. 가족과 보내는 시간의 질을 높이기 위해서 할 수 있는 일은 무엇인가?
16. 나의 정서적, 혹은 심리적인 건강을 위하여 계획을 세웠는가? 그리고 그것을 위해 시간을 투자했는가?
17. 오늘을 간신히 넘겼다면, 고쳐야 할 일은 무엇인가?
18. 오늘 정말 잘했다고 느끼는 일은 무엇인가?
19. 오늘 마주했던 사람들에게 감사의 표시를 전달했는가?
20. 나의 시간을 가장 많이 낭비한 일은 무엇이며, 사람은 누구인가?

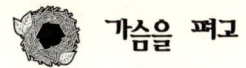 **가슴을 펴고**

이것은 나의 체험에서 얻은 교훈이다
다시 말해서 나의 세일즈 30년의 결정이기도 하다

1일 계약이 이루어짐과 동시에 친구가 되도록 하라.
2일 어떠한 사람이라도 어딘가에 약점을 가지고 있다.
3일 일을 하는데 있어서 적극적으로 매진하면 불가능이란 없다.
4일 접근하기 어려운 고객일수록 가능한 사람이라고 생각하라.
5일 길을 찾지 못했을 때에는 스스로 길을 만들어라.
6일 당신이 알고 있는 모든 것을 상대방이 환영하도록 하라.
7일 오늘 하루는 동료를 구하는데 노력하라. 그것은 자신을 번영으로 이끄는 원천이 된다.
8일 말은 정중하게, 내용은 분명하게 하라.
9일 이야기를 잘하는 세일즈맨이 되기보다는 남의 말을 잘 듣는 세일즈맨이 되라.
10일 현명한 사람은 희망만 가지고 있는 것이 아니라 확실한 목표를 가지고 있다.
11일 항상 기다리고 있는 사람에게만 기회가 찾아온다.
12일 비위에 맞지않는 사람이라고 해서 이를 피해서는 안된다.
13일 실패는 잊어버리고 거기서 얻은 교훈만 가슴에 간직 하라.

14일   너무 지나치게 완벽하게 하려면 큰 일을 이루기 어렵다.
15일   세상일이 변하듯 가망객의 사정도 변한다.
16일   성공의 빈도는 항상 준비에 비례한다.
17일   언제나 미래는 오늘부터 시작된다.
18일   실패는 성공에 이르는 비싼 수업료이다.
19일   초회방문을 두배로 늘리면 수입도 두배로 늘어난다.
20일   실패가 확인되지 않는 한 절대로 물러서서는 안된다.
21일   시작이 좋으면 끝도 좋다.
22일   내용이 충분치 않은 청산유수는 경박성만 나타난다.
23일   한번 놓친 기회는 다시 돌아오지 않는다.
24일   도움이 되는 말을 해주는 사람은 어디에 가더라도 환영 받는다.
25일   행운은 노력가의 머리 위에서 빛난다.
26일   지식을 저축하는 것은 최량의 투자이다.
27일   귀 뿐만 아니라 눈도 활용할 수 있는 길을 연구하라.
28일   결점을 극복하기 위해서는 그것이 어디에 있는 지를 깨닫지 않으면 안된다.
29일   지난밤 수분 동안의 준비가 오늘의 시간을 한층 절약 시킨다.
30일   실패한 일이 없는 사람은 성공한 일도 없을 것이다.

31일   성공하기 위해서는 당신의 노력에 플러스 알파를
        하라.

나의 세일즈 30년간의 체험은 실패와 성공의 연속 이었다.
그것이 하나 하나 나의 연륜이 되었고 나의 성공의 밑거름
이 되었다.

-일본 세일즈계의 거목 하라잇 베이-

미소

자본은 필요없다.
그런데도 이익은 막대하다.

주어도 줄지 않고 받는 자는 풍요해진다.
일순간 보여주면 그 기억은 영원히 기억된다.
아무리 부자라도 이것 없이는 살 수 없다.
아무리 가난해도 이것에 의해 풍요로와진다.
가정에는 행복을, 장사에는 선의를 가져온다.
피곤한 자에게는 레크레이션
실의에 빠진 사람에게 있어서는 광명
슬픈자에게 있어서는 태양
번민하는 자에게 있어서는 자연의 해독제가 된다.

살 수도, 강요할 수도, 빌릴 수도 훔칠 수도 없다.
무상으로 주어야 비로소 가치가 있다.

-D. 카네기-
『뉴욕의 어느 백화점에서 번잡한 세일 기간 중 광고 인용』

무엇이 업무 도둑인가?

1. 몰라도 묻지 않는 사람
2. 모른다는 사실 자체도 모르는 사람
3. 알고 있으면서도 말하지 않는 사람
4. 알고 있으면서도 하지 않는 사람
5. 물어도 가르쳐 주지 않는 사람
6. 가르쳐 주지 않고 시키는 사람
7. 부탁을 받고도 해주지 않는 사람
8. 알고서도 전해주지 않는 사람
9. 아무리 들어도 잊어버리는 사람
10. 주의를 줘도 듣지 않는 사람
11. 불러도 대답하지 않는 사람
12. 대답은 하지만 움직이지 않는 사람
13. 약속하고도 오지 않는 사람
14. 기다리게 해놓고 태평한 사람
15. 어려운 일이 있으면서도 부탁하지 않는 사람
16. 어려운 데도 돕지 않는 사람
17. 고마워하면서 감사의 말을 않는 사람
18. 실패해도 꾸짖지 않는 사람
19. 실패하고도 숨기는 사람
20. 실패하고도 사과하지 않는 사람
21. 이론만 있고 행동하지 않는 사람
22. 하기 전부터 도망치는 사람

23. 할 수 없는 이유를 찾는 사람
24. 우는 소리만 내뱉는 사람
25. 싫다고 생각하면 절대로 하지 않는 사람
26. 자기 변호를 잘하는 사람
27. 다른 사람을 칭찬하지 않는 사람
28. 상대의 기분을 생각하지 않는 사람
29. 서두르고 있는 데도 늦는 사람
30. 급한데도 꾸물거리는 사람
31. 비판은 하면서 의견이 없는 사람
32. 보고조차 제대로 못하는 사람
33. 연락을 제대로 못하는 사람
34. 상담을 제대로 못하는 사람
35. 인식조차 제대로 못하는 사람
36. 일해야 할 입장에 있으면서 하지 않는 사람

-나꾸라 야스노부-

회사 신조

나는 적극적이다.
나는 합리적이다.
나는 부지런하다.
나는 끈기가 있다.
나는 나의 능력을 믿는다.
나는 나의 일이 자랑스럽다.
나는 나의 일로 국가와 국민에게 공헌한다.

-브리태니커 회사 신조-

D2P 훈련법의 신조

하자, 하자 또 하자

훈련, 훈련 또 훈련

하고, 하고 해버리자

내가 하지 않으면 누가 하나

지금 놔두면 언제 될까

해서 안되는 것은 절대 없다

하지도 않고 될리가 없다

해서 해서 완수하자

- 일본 사세보 중공업의 관리직 훈련 D2P 훈련법의 신조 -

-우지케코이지-

IBM의 社是

"생각하라, 생각하라, 생각하라"

1. 생각할 재료를 읽어라.

2. 생각할 재료를 들어라.

3. 막연한 생각을 정리하기 위해 토론하라.

4. 상대 또는 대상의 상황을 관찰하라.

5. 읽고, 듣고, 토론하고, 관찰한 내용을 생각하라.

평생고객을 얻는 법 I

나에게 사탕은 팔지 말고
달콤한 기쁨과 행복을 주오.
연장일랑 팔지 말고
작품을 만들 수 있는 보람과
그 즐거움을 주오.
나는 쟁기도 필요 없소
단지, 물결치는 푸른 밀밭만을 원할 뿐
옷을 팔려 한다면
산뜻한 차림에
매혹적인 유행
그것만을
나는 가구를 사고 싶은 것이 아니오.
평안하고 청결하며
안락한 휴식을 원한다오.
책을 팔기 보다는
지식을 얻는 유쾌한 시간을
나에게 물건을 팔려 하지 말아 주오.
이상(理想)과
감성(感性)과
자중(自重), 행복한 가정생활
제발 나에게 물건만을 팔지 말아 주오.

-작자미상-

평생고객을 얻는 법 II
-How to win customers and keep them for life-

내게 옷을 팔려고 하지 마세요.
대신 날카로운 인상, 멋진 스타일, 그리고 매혹적인 외모를 팔아 주세요.

내게 보험 상품을 팔려고 하지 말아요.
대신 마음의 평화와 내 가족과 나를 위한, 위대한 미래를 팔아 주세요.

내게 집을 팔 생각은 말아요.
대신 안락함과 만족, 그리고 되팔 때의 이익과 소유함으로써 얻을 수 있는 자부심을 팔아 주세요.

내게 책을 팔려고요? 아니에요.
대신 즐거운 시간과 유익한 지식을 팔아 주세요.

내게 장난감을 팔려고 하지 마세요.
그 대신 내 아이들에게 즐거운 순간을 팔아 주세요.

내게 컴퓨터를 팔 생각은 하지 말아요.
대신 기적같은 기술이 줄 수 있는 즐거움과 이익을 팔아 주세요.

내게 타이어를 팔려고 하지 마세요.
대신 기름 덜 들이고 걱정으로부터 쉽게 벗어날 수 있는 자유를 팔아 주세요.

내게 비행기 티켓을 팔려고 하지 말아요.
대신 내 목적지에 빠르고 안전하게, 그리고 정시에 도착할 수 있는 약속을 팔아 주세요.

제발 내게 물건을 팔려고 하지 마세요.

-마이클 르뵈프-
『익숙한 것과의 결별』 중에서

여성을 움직이게 하는 33가지 철칙

【여성을 움직이게 하는 3원칙】
1. 호의를 보인다.
    - 먼저 경계심을 풀게한다.
2. 만족시킨다.
    - 상대방의 자존심을 존중한다.
3. 신뢰한다.
    - 자기 자신부터 신뢰의 증거를 보인다.

【여성을 이해하는 7개 항목】
1. 방어 본능이 강하다.
    - 개인영역을 침범하지 않는다.
2. 타인 의존형이다.
    - 항상 마음을 써준다.
3. 감정 급변성이 있다.
    - 말보다 표정으로 안심시킨다.
4. 남성은 문명, 여성은 문화
    - 남성에게는 없는 뛰어난 특성을 살린다.
5. 끝까지 참을 수 있다.
    - 되도록 앉아서 느긋하게 말한다.
6. 칭찬을 기다리고 있다.
    - 주변사람과 비교해서 칭찬한다.
7. 왜 태도가 명확하지 않은가?
    - 선택사항을 몇가지 제시 한다.

【여성에게 호감사는 12개 항목】
1. 마음가짐을 반보 물러선다.
    -먼저 경계심을 푼다
2. 맞장구 친다.
    -상대방 얘기를 계속하게 한다.
3. 장래의 얘기를 한다.
    -꿈을 크게 한다.
4. 잘못을 하나하나 지적하지 않는다.
    -창피를 주지 않는다.
5. 헐뜯지 않고 칭찬한다.
    -상대방의 헌신에 보답한다.
6. 허약함을 보인다.
    -때로는 쓸쓸함을 보인다.
7. 온 정성을 기울인다.
    -열심히 땀을 흘린다.
8. 기다려 준다.
    -상대방 페이스에 맞춘다.
9. 허세를 버린다.
    -감식안이 높다는 것을 잊지 않는다.
10. 자기의 말로 얘기한다.
    -남의 의견을 가지고 꾸미지 않는다.
11. 함부로 명령하지 않는다.
    -위로의 말 한마디를 한다.
12. 작은 것에 애정을 보인다.
    -잔정이 중요하다.

【여성을 설득하는 6개 항목】
1. 구체적으로 설명한다.
    -애매한 표현이 아니고 숫자로 말한다.
2. 처음에는 낮은 소리로 말한다.
    -조용히 타이르듯이 말한다.
3. 최초와 최후의 3분간이 분수령
    -마지막에 좋은 인상을 남긴다.
4. 글로써 설명한다.
    -말로 설명하고 종이에 쓴다.
5. 이쯤에서 양보한다.
    -과감히 낮은 데로 임한다.
6. 설득하기 쉬운 위치를 잡는다.
    -정면에 앉지 않는다.

【여성을 신장시키는 5개 항목】
1. 자신을 갖게 꾸짖는다.
    -꾸짖어도 마지막은 좋다고 인정한다.
2. 자존심을 상하게 하지 않는다.
    -열등감을 절대로 건드리지 않는다.
3. 오로지 상대방의 눈을 본다.
    -여성 최고의 전달수단은 눈, 눈으로 의지를 전한다.
4. 이(異) 체험을 시켜본다.
    -여성은 공포나 자극을 좋아 한다. 새로운 것에 도전하게 한다.

5. 경쟁심을 일으키게 한다.
 -여성다움을 가르칠 것이 아 니라 한 사람의 훌륭한 여성으로 키워라.

-사꾸라 히데노리-
『여성을 모르고 일할수 없다』중에서

상대방을 설득하는 37가지 원칙

【사람을 움직이는 3가지 원칙】
1. 도둑에게도 할 말이 있다는 것을 인정하라.
   - 비판도 비난도 하지 말아라, 그리고 불평도 하지 말아라.
2. 상대방이 원하는 바를 알아내라.
   - 솔직하고 성실한 평가를 해줘라.
3. 상대방 입장에서 생각하라.
   - 상대방에게 강한 욕구를 일으켜라.

【사람에게 사랑받는 6가지 원칙】
1. 상대에게 순순한 관심을 보여라.
2. 미소를 잃지 말아라.
3. 상대방의 이름을 기억하라.
4. 남의 말을 귀담아 들어라.
5. 상대의 관심을 간파하라.
6. 진심으로 칭찬하라.

【사람을 설득하는 12가지 원칙】
1. 논쟁을 피하라.
2. 잘못을 지적하지 말아라.
3. 잘못을 인정하라.
4. 공손하게 이야기하라.
5. 「네」라고 대답하게 만들어라.
6. 상대가 말을 하도록 격려하라.
7. 상대가 착상을 하도록 하라.
8. 타인의 입장이 되라.

9. 동정심을 가져라.
10. 아름다운 심정에 호소하라.
11. 연출 솜씨를 발휘하라.
12. 대항의식을 자극하라.

【사람을 변화시키는 9가지 원칙】
1. 먼저 칭찬하라.
2. 간접적으로 충고를 하라.
3. 자신의 실수를 이야기하라.
4. 명령을 하지말라.
5. 체면을 손상시키지 말라.
6. 사소한 일이라도 칭찬하라.
7. 기대를 가져라.
8. 격려하라.
9. 자진해서 협력하게 만들어라.

【행복한 가정을 만드는 7가지 원칙】
1. 잔소리를 하지말라.
2. 장점을 인정하라.
3. 상대방의 결점을 들추어 내지 말라.
4. 칭찬하라.
5. 사소한 배려를 아끼지 말아라.
6. 예의를 지켜라.
7. 성에 대해 올바른 지식을 가져라.

-D. 카네기-
『사람을 움직인다』중에서